丁寧で素敵な毎日を
過ごせる理由

一人暮らし

働き女子の
お仕事時間と
おうち時間

aya

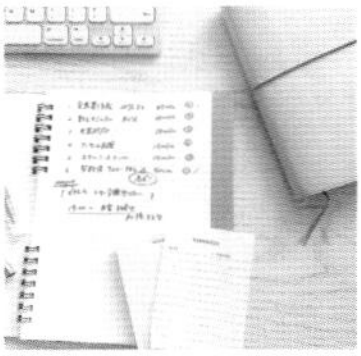

日本文芸社

JILLSTUART

FURLA

月火水木金
営業系ＯＬ
平日５日、何着てる？
保存版
ビジネスで役立つ
エクセル関数１０選まとめ
一人暮らし１０年目
可愛すぎる
インテリア小物３選
＼自作／
ＰＣの時短技
ショートカット一覧表。
Instagramにおいて
仕事術と暮らし術を
発信中
お仕事女子の
暮らしを楽する方法
一人暮らし
お気に入りの
洗面所
ズボラでも美味しい
おにぎり４選
総合職４年目ＯＬ
文書作成が早くなる裏技
#送付状
#案内文
#議事録

aya　アヤ

インフラ系企業で営業職を務める現役 OL。
一人暮らし 10 年目、社会人４年目。

「仕事と暮らしを、女性らしく、丁寧に」をコンセプトに、自身の経験をもとにしたお仕事術や自宅インテリア、日々のコーディネートなどを投稿しているInstagram は多くの働く女性たちから反響を呼び、開始から一年足らずでフォロワー総数 21 万人を突破（2020 年 9 月時点）。
また、女性誌の WEB 版にも出演するなど、メディアでも活躍している。

Instagram　@a____home_/@a____wear_
Blog　https://ameblo.jp/a--home

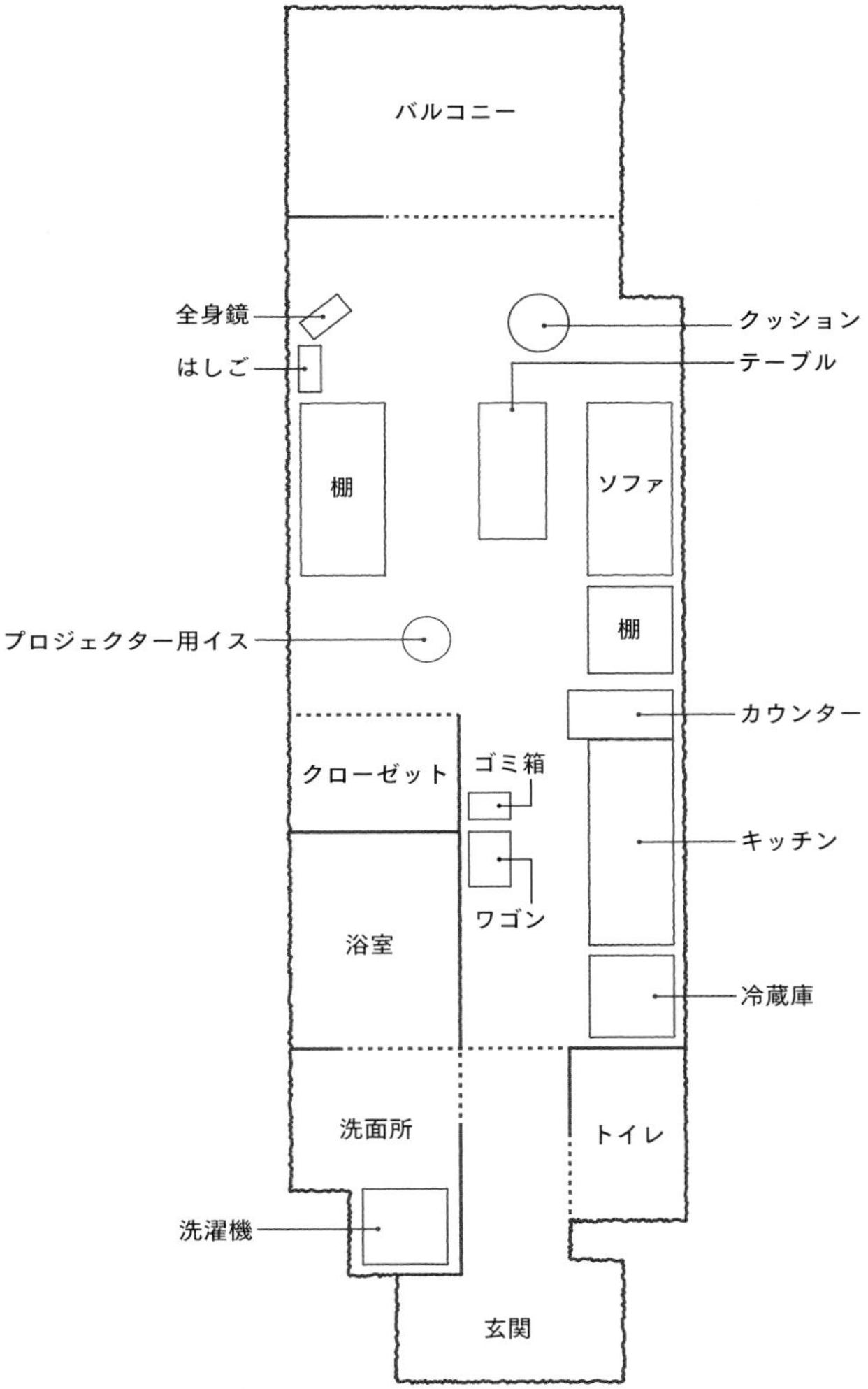
バルコニー
全身鏡
はしご
クッション
テーブル
棚
ソファ
棚
プロジェクター用イス
カウンター
クローゼット
ゴミ箱
キッチン
ワゴン
浴室
冷蔵庫
洗面所
トイレ
洗濯機
玄関

間取り

リビングは約10畳と広々。キッチンとひと続きなのもお気に入りです。収納はクローゼットのみなので、ものの断捨離が必須。敷き布団はソファ横の隙間に立て掛けて収納しています。朝日が入り込む部屋を選んだので、毎朝、お日様の光で目覚めることができて最高です。

はじめに

本書を手に取っていただき、ありがとうございます。
〝仕事も暮らしも丁寧に楽しみたい〟というコンセプトのもと、
Instagramで投稿をはじめて約1年。

社会人は4年目、一人暮らしは10年目になりました。
まだまだ道半ばな私ですが、
発する情報を「役に立つ」、「勉強になる」と
言ってくださる方が増え、感謝の気持ちでいっぱいです。
そのようなコメントは私自身の仕事、
日々の生活のモチベーションにもなっています。

そしてこのたび、一冊の本として、
ノウハウをまとめることが叶いました。

本書は〝鞄に入れて持ち歩きたくなる本〟をイメージしています。
お仕事に関しては、
〝マナーブックには載っていないような小さなこと〟まで
詳しく記し、通勤中にふと読みたくなるような内容に。
暮らしに関しては、模様替えの前や節約時に読み返したくなる
〝生活の質を上げる知恵〟を細かく記載しました。
巻末には、毎日の業務をもっと心地よくこなすための
お仕事ツールを7つ掲載しています。
オフィスデスクの片隅に置いていただけると嬉しいです。

難しいことは書いていません。
ぜひ、ゆったりとしたリラックス時間にもお読みください。
そして読み終わったときには、少しでも「なるほど」と
思うような気づきがありますように……。

aya

CONTENTS

Chapter 1 オフィスライフを楽しくするお仕事術

Chapter 2 好印象を与える所作とマナー

Chapter 3 快適に暮らす空間作り

Chapter 4 元気を養うお手軽クッキング

Chapter 5 気分を上げる美容とファッション

Chapter 6 ゆる～い節約で充実ライフ

巻末Special

Column

Chapter 1

オフィスライフを楽しくするお仕事術

素敵な第一印象を与えられるように

「第一印象は一度しか作れない」は私の座右の銘です。たまたまその日だけ磨り減った靴を履いていたり、メイクしていなかったりしたのだとしても、その時会った人にとってはそれが第一印象。だからいつでも身だしなみには気をつけています。

営業職の私が目指すのは、明るく柔らかなイメージ。特にお会いする前の気配りは〝しても過ぎることはない〟と考えていて、アポの電話の段階からきちんとお礼を言うようにしています。また、初対面の方に会うときは、「この時期はお忙しいですか？」など、質問を複数用意しておくと会話に困りません。もしわからないことがあっても不安げな表情を見せず、「社に戻り次第、確認します」と歯切れよく答えます。

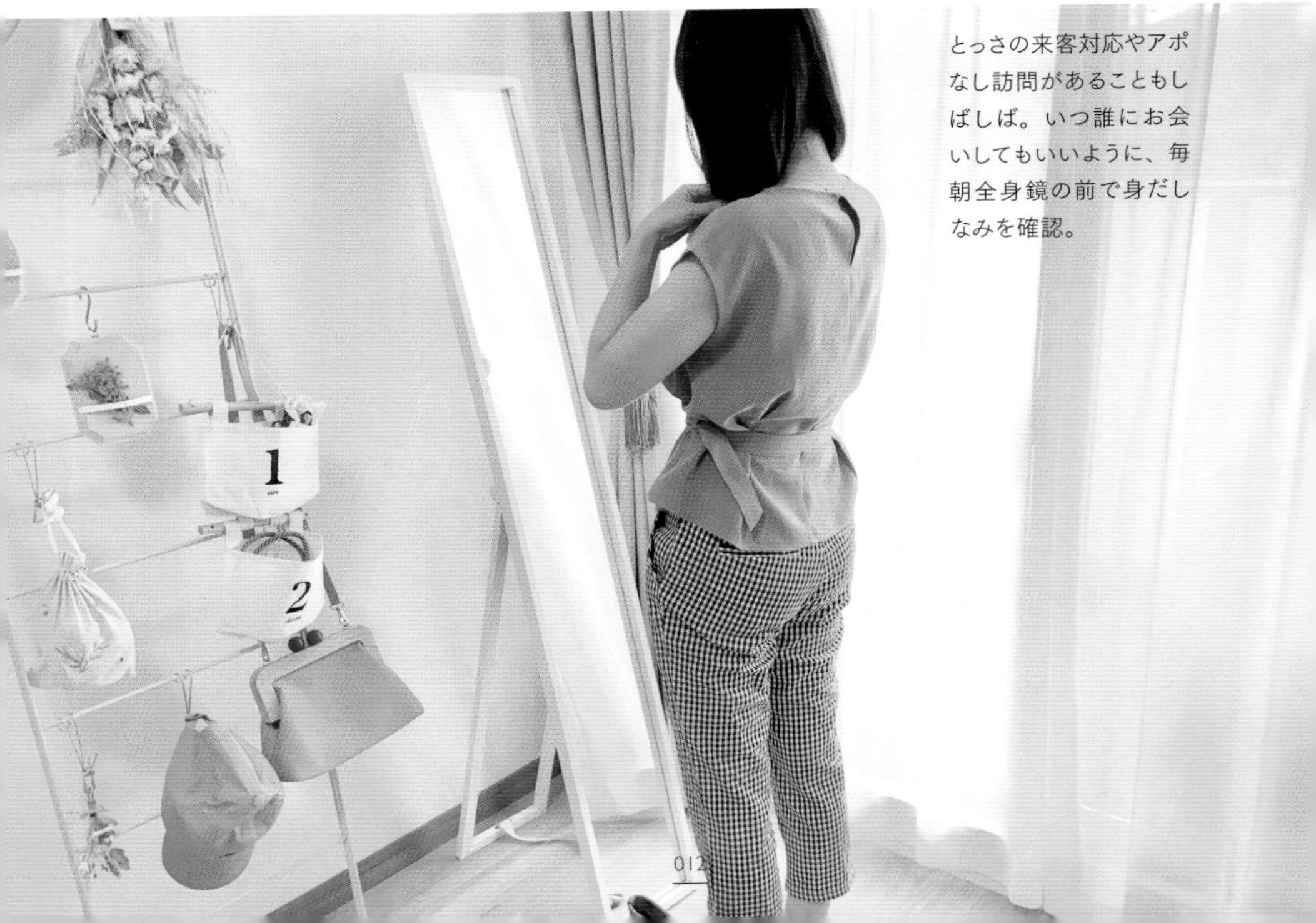

とっさの来客対応やアポなし訪問があることもしばしば。いつ誰にお会いしてもいいように、毎朝全身鏡の前で身だしなみを確認。

aya's Work

まずは基本の振る舞いから

時には話上手な先輩を見てこっそり技を盗んでみて。
私はよく女性アナウンサーの振る舞いを参考にしています。

1 人柄は小さな部分で出る

基本のあいさつを徹底するのはもちろん、人柄が表れる、その他の小さな部分も大切に。ドアを開けておいていただいたときにお礼を言う、お客様が振り向かれるかもしれない範囲ではお辞儀をし続けるなど、細かなところにも配慮します。

2 必ずレスポンスを

雑談中の小さな質問もキャッチしておく習慣を。打合せのお礼とともに、調べた結果をメールすると丁寧です。必ず答える習慣をつけることで、自分自身の勉強にもなります。

3 少ない情報量がカギ

はじめての方との会話では話をつなぐのが難しいですよね。会話の糸口は相手の名刺の情報（名前の漢字や資格など）、季節の話題などが無難。次回お会いするときには前回話題に上がったものに触れると、「覚えていてくれた」と思ってもらえます。

誰でも最初は緊張するもの。
時には"緊張している"ことを
伝えてもいいんです

4 ギブアンドテイクの心得

心を開いてほしい相手と向き合うときは、まずこちらから心を開きましょう。「先日から弊社は〜でして……」とワンクッション置いてから相手に質問するのがグッド。共通点を探るという点でも、まずは自分をオープンに。

オフィスで気持ちよく働くための心がけ

特に新入社員や異動したての頃は、いろんなことに疑問を持つものです。こうすればいいのに、と気づいたことは遠慮せずに発言を。

【デスクまわりをすっきりさせるコツ】

1 定位置を決める

毎日使う日付印や筆記用具は、ボックスにまとめてから引き出しに入れます。しまう場所を決めておけば、無駄に探すこともなくなります。

2 1週間で捨てる

書類はデータで保存が基本。手書きメモやいただいた書類はPDFにして、1週間以内に原本を破棄します。

3 ものを置く範囲を決める

ものを置く範囲を際限なく広げると、デスク周りはどんどん乱れ、見た目も機能性もダウン。バッグは床でなく引出しに入れるなど工夫を。

会社では毎日同じ場所で同じメンバーと働きます。だからこそ、職場環境を少しでもよくするために、自分でできることは率先して行うようにしています。

小さなことでも気づいたら動く、やりづらいなと感じることがあれば自ら改善を提案してみる。特に若手の頃はそんな姿勢が大切です。私は近くで働く同僚の気持ちを考慮して行動するようにしています。「文房具置き場がフロアに一つしかなくて、取りに行くのに時間がかかるな」と思い、よく使うものだけを集めたスペースを近場に設けたことも。

一人が不便に思っていることは、他の誰かも不便に思っていること。気づいた人が動けば、職場環境も人間関係もどんどんよくなっていきます。

aya's Work

すぐに実践できることから

気持ちよく働くためには、細やかな気遣いが欠かせません。
まず一歩目は“誰にでもできるけれど、気づかなければできない”ことから。

■ 気づいたら自分が動く

印刷用紙が切れているとき、ゴミ箱がいっぱいになったときは自ら行動を。こんなふうに誰の業務か決まっていないことこそ“気づいたら動く”を浸透させます。職場のメンバーにも促したい場合は、ルールを作ってみるのも手です。

■ 皆の時間を意識すること

お昼休憩前や定時後の時間には、なるべく仕事の話を長引かせないようにしています。打ち合わせに5人参加していたら5人分の時間が取られてしまいますから……。よほど急ぎの要件でない限りは、業務時間中に済ませましょう。

■ ありがとうは倍返し

お願いごとを聞いてくださったときや、気づかぬうちに代わりに対応をしてくださったときには、必ず口頭でお礼を伝えます。そしていつか2倍、3倍にしてお返しできるように、手帳に“嬉しかったこと”を書き留めています。

気配りは社内だけではなく、
社外でも通用します。
まずはいつもの場所で
実践してみて

■“一番○○”な位置を見極める

プレゼン時には照明を操作できる一番端の席に座る、エレベーターははじめに乗って「開」ボタンを押す……など、自ら率先して“一番○○”な位置を見つけることが大切です。誰かがやるだろう、とは思わないこと。

速く、正確に仕事をこなすために

納期を守ることとミスを減らすことは、どちらも仕事において必須。スマートに両立させられるのが理想ですが、日々いろいろな案件が発生すると、いっぱいいっぱいになってしまいますよね。

余裕を持って仕事をこなす人は、自分流のルールを持っています。例えば少し話し込むと多くの時間をとられてしまう電話は、あらかじめ上限を決めておく……こんな自分なりの決まりごとがあると、時間を上手に使い、メリハリよく仕事をすることができます。

何から取り組めばよいかわからない方は、まず1日の業務時間を30分単位のコマに分割して仕事を割り当ててみましょう。効率よく働くために、私が普段心がけているスピードアップ術を紹介します。

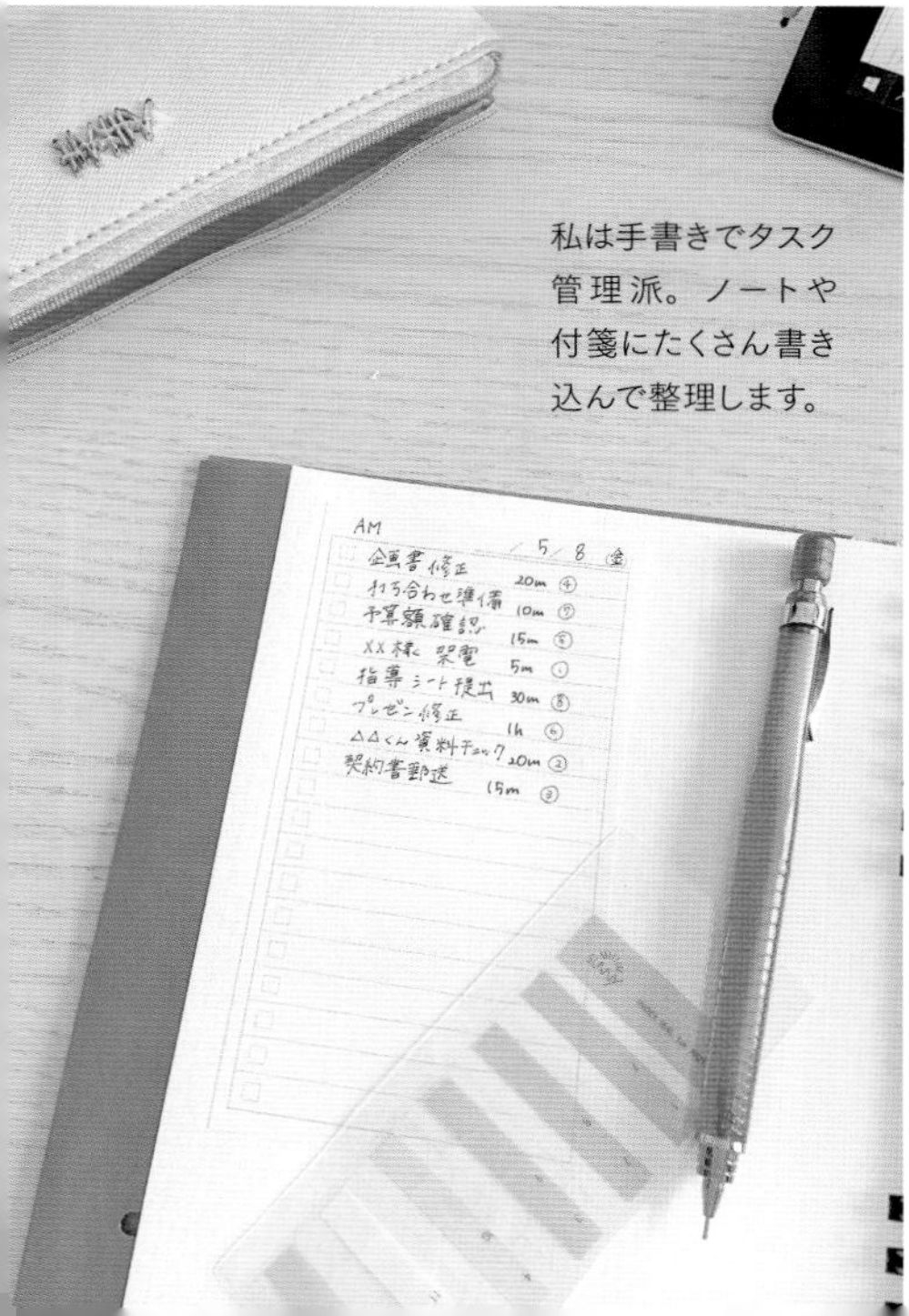

私は手書きでタスク管理派。ノートや付箋にたくさん書き込んで整理します。

仕事中は、大きなフェイスのスマートウォッチで時間を管理しています。

Chapter 1

aya's Work

お仕事スピードアップ術

効率を重視するあまりミスが多くなってもいけませんが、
ゆっくり時間をかけられないのが現実。効率×質を意識して仕事を。

1 自分の集中タイムを把握

1日のうち、自分が最も集中しやすい時間帯を把握すると効率アップ。集中タイムには資料作成をし、その他の時間は電話対応を優先するなど、自分の中のリズムと業務内容を考慮しながら、仕事の割り振りを。

2 何パーセントを目指すか決める

成果物は何パーセントの完成度で提出するか決めてから取り組みます。時間をかけて作り込んだ資料でも、提出の際に方針が変わり大幅な変更が生じるかも……。どの程度の完成度が求められているか、まず確認を。

3 電話や相談は“時間”を意識する

「電話は長くても5分まで」「相談ごとは3分で簡潔に済ませる」など、いくらでも長くなってしまうものには制限時間を設けておきます。話をする前に要点をまとめておき、結論から話すとスマート。

急いで提出してもミスだらけの
資料では、やり直しの時間が発生。
提出前の最終チェックには
一番時間をかけて

4 タイムリミットをこまめに設ける

一つ一つの仕事にタイムリミットを設けると時短に。そして「30分でまず大枠を決めて、残り30分で結論まで完成させよう」と更に細分化を。想定時間×80%のタイミングでアラームを掛けると効果的です。

5 降ってきた仕事に飛びつかない

メールや電話で急に仕事が増えることも。でもこれらに反射的に飛びつくのではなく、一旦TODOリストに入れて優先順位を考えてから取り組みます。緊急度と重要度を意識して冷静に順位づけを。

TODOリストで仕事の優先順位を決める

仕事の管理方法は人によって様々ですが、やるべきことを可視化できるTODOリストはとてもオススメ。私は手書き／デジタルをそれぞれ2週間試してみた結果、より頭が整理されると感じた手書きで管理することにしました。

　仕事の優先順位のつけ方は〝緊急度〟と〝重要度〟の2つの軸で考えます。締め切り直前の仕事や突然の来訪、だいぶ先のプレゼンテーションの資料作成などたくさんの業務であふれているときこそ、緊急度と重要度を考えて仕事の順番を割り振ります。そしてどんなに急いでいても、チェックは必ず時間をかけて入念に。たとえ提出が間に合っても、ミスが多くて差し戻されれば余計に時間がかかってしまいます。

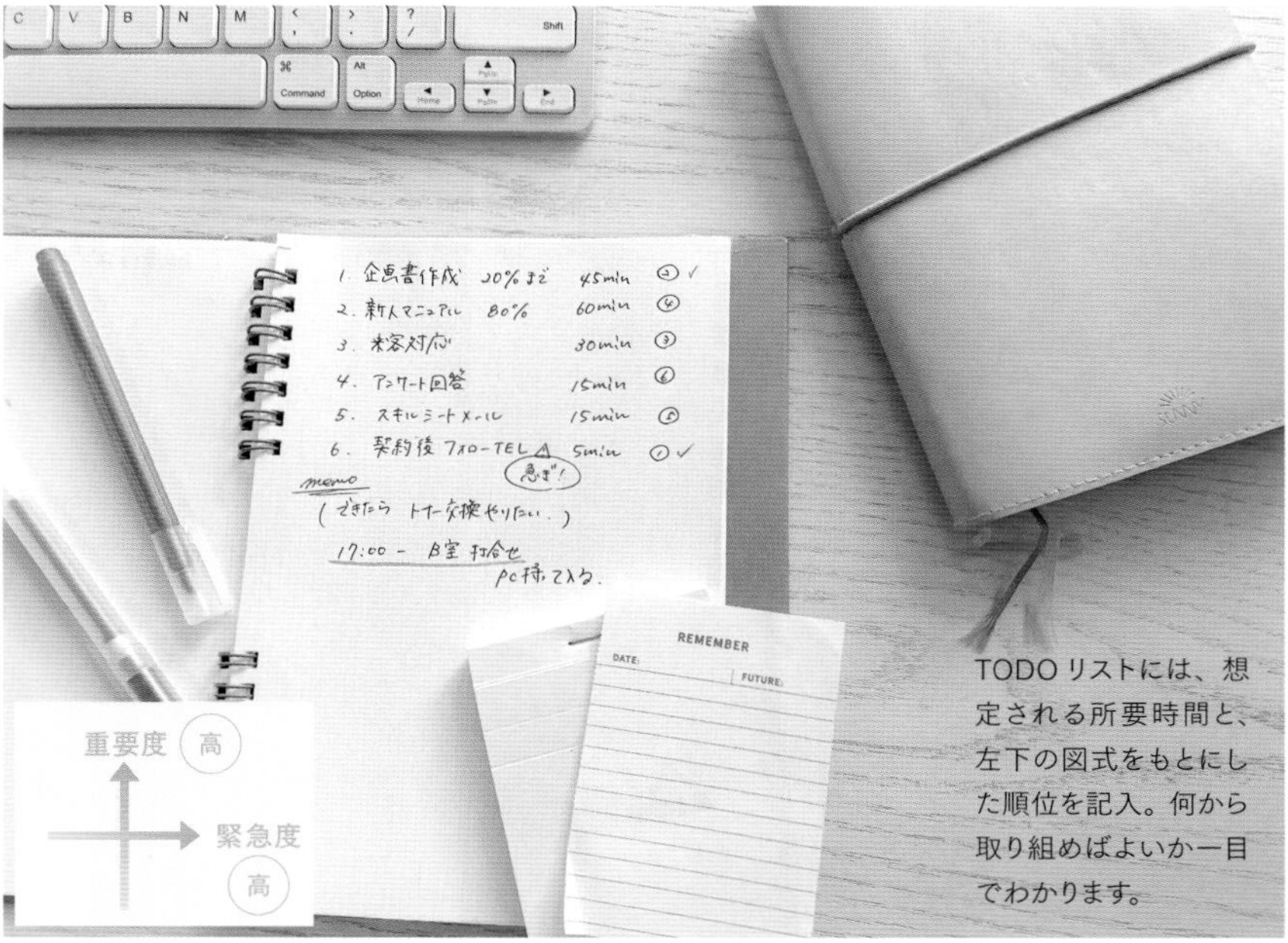

TODOリストには、想定される所要時間と、左下の図式をもとにした順位を記入。何から取り組めばよいか一目でわかります。

aya's Work

TODOリストのマイルール

たくさんの仕事をこなす毎日……抜けもれなく仕事をするために、
TODOリストは最も重要なんです！

1 順番と所要時間を書き込む

単に仕事内容を列挙するだけではなく、優先順位と想定時間も一緒に書き込むと、一日の仕事の流れをイメージできます。想定時間内に終わらなかった場合は、なぜ終わらなかったのかを振り返って分析。

2 リストは1日に3回見直す

リストは朝のメールチェック前・昼休憩後・上がる前の計3回見直します。状況はその都度変わるので、増えた仕事や変更になったものもあるはず。こまめに確認し、柔軟に対応するとともに頭の整理を。

3 捨てずに一定期間溜めておく

やるべきことをまとめたリストをすぐ捨ててしまうのはもったいない。空き時間ができたときには数日前のTODOリストを見返しましょう。すると、“やろうと思ったのにできていないまま”の仕事が見つかることも。

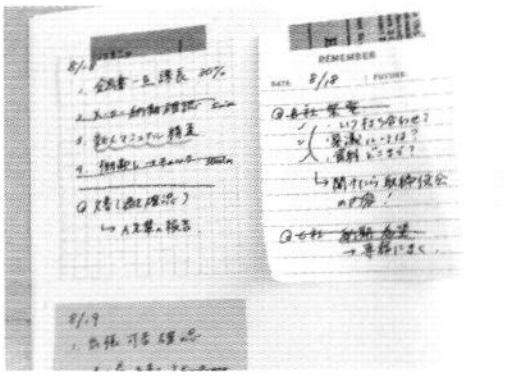

TODOリスト以外のスピードアップ術は、①メールの返信は的確に早く、②ときには仕事の一部を人にお願いする、③日頃から整理整頓を心がける、の3点です。

メールは読んで満足し、返信をしないでいると、後で送るときに再び読む手間と時間が発生してしまいます。すぐに返せるメールは、その場で返信しておくのがベスト。

また、お願いする相手のスキルアップや教育のためという観点から、仕事の一部を人に依頼するのも手。頼むときには、お願いする目的まで伝えるととても丁寧です。

そして〝探す〟という無駄な時間を発生させず、書類紛失を防ぐためにも、トレーや仕切りで日頃から整理整頓を心がけることが大切です。

ノートと手帳は賢く使う

社内でも社外でも、毎日持ち歩く手帳とノートは使いやすい機能のものを厳選しています。商談中はメモをよく取るので、外出時には書き込みやすい方眼ノートを愛用。一日の時間の流れを把握しながら仕事をしたいので、手帳は毎年バーチカルタイプを選んでいます。

新しい仕事を教わるときや新規顧客の担当になったときは、大きめの罫線ノートに情報を書き込んで、後からインデックスを貼ります。そうするとメモが蓄積されて自然と自分だけのマニュアルが完成しますよ。

小さいメモ帳は持ち運びに便利な反面、紛失しやすく、すぐに使い終わってしまうというデメリットも。A4サイズのノートやB6サイズの手帳をオススメします。

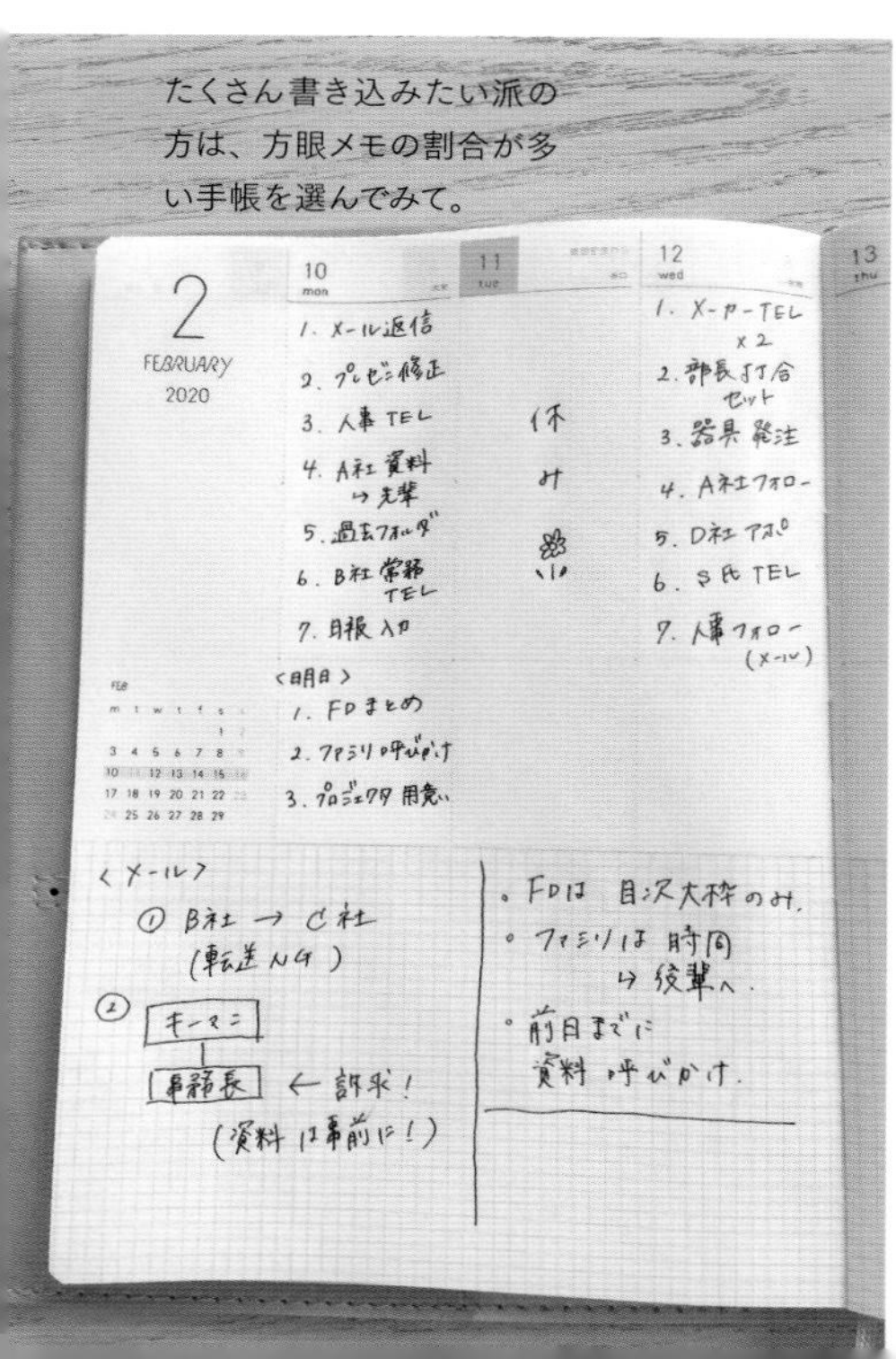

たくさん書き込みたい派の方は、方眼メモの割合が多い手帳を選んでみて。

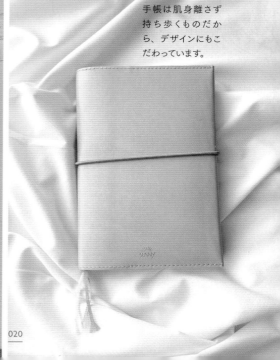

手帳は肌身離さず持ち歩くものだから、デザインにもこだわっています。

Chapter
1

aya's Work

ノートは使い分けるべし

100円ショップにも仕事に使えるノートがたくさんあるんです。
会議用、商談用、マニュアル用……と使い分けています。

愛用している
ノートはこれ！

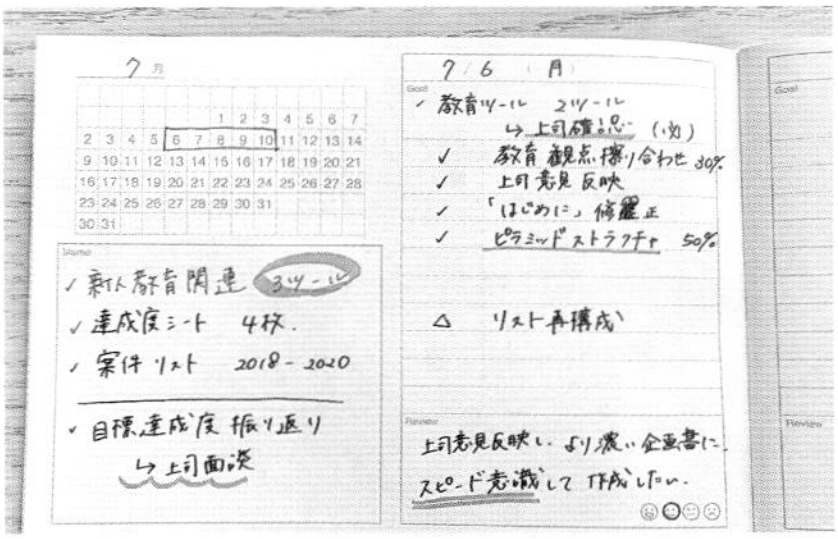

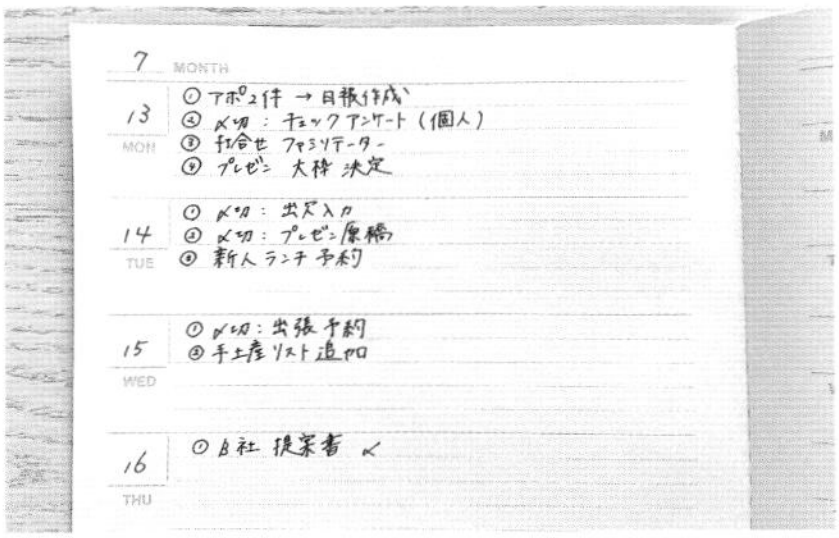

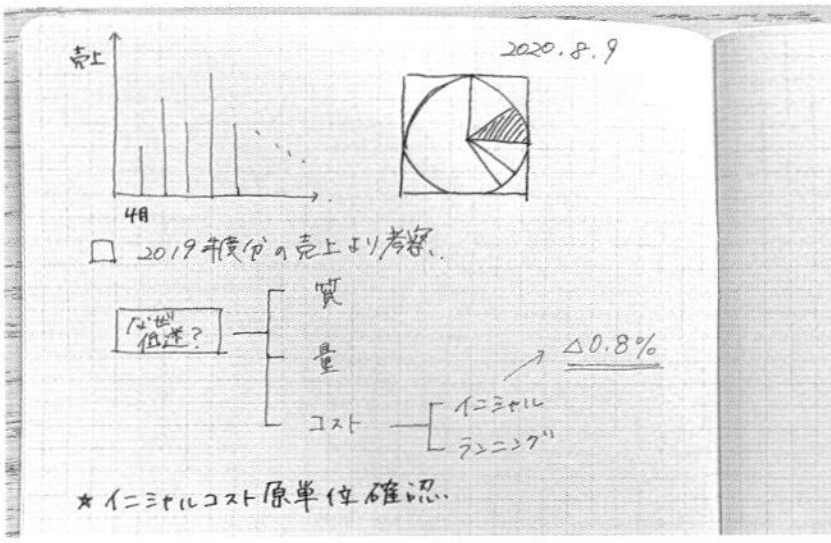

1	2
3	4

1 スタディプランニングノート（学研）は仕事の振り返りをするときに使えます。もちろん資格の勉強にも。

2 ウィークリーノートもダイソーで購入。嬉しかったことや反省点などを書き込んでいます。

3 商談ノートはいろは出版「SUNNYノート」。インデックスつきなので、すぐにお目当てのページへ飛べます。

4 マニュアルノートは一般的なA4ノート。あとから書き足すこともできるように、少し余裕をもって業務の手順を書き込んでいます。

メモをリスト化してミスを減らす

社会人４年目になっても、ミスはまだまだあります……。でも、同じミスを繰り返さないこと、同じことを何度も他の人に確認しないことを意識しはじめてから、仕事の精度が上がりました。また、指摘されたり間違えたりしたことをまとめたメモは、一番の勉強材料。それをもとに作成したチェックリストをミス削減に役立てています。

そして忙しいときほどしっかりと最終確認をするのも、ミスを減らすために大切なこと。メールにファイルを添付し忘れていないか、上司への相談前には、簡潔に筋道を立てて話す準備ができているか、確かめてから行動します。もしミスをしてしまったら、必ずそれを一番に報告する〝バッドニュースファースト〟も徹底。

アドバイスいただいたことを一つのエクセルファイルにまとめて独自のチェックリストを作成。ミスを減らすための第一歩です。

aya's Work

小さな積み重ねでミス削減

ほんの少しの心がけで、ミスを減らすことができます。
注意されることが多いな……と思ったら、ぜひ実践してみてくださいね。

1 同じことを二度聞かない

どんなに小さなこともメモを取り、そのメモはなくさないように。捨ててしまいがちな付箋以外のノートがオススメ。教えてもらったことは「①～、②～ということですね」と復唱すると齟《そ》齬《ご》が生じません。

2 行動する前に一呼吸

「あの件、メールで聞かなきゃ」「折り返し電話しなきゃ」と焦ってしまうと危険。「あの件、メールですでに案内されていなかったかな」「電話の前に確認事項をまとめておこう」と確認・整理をすると抜けもれを防げます。

3 ダブルチェックは逆から

リストの数値チェックや、メールアドレスの確認に使える技ですが、ダブルチェック時は文字を逆さに読んで確かめるのがオススメ。1度目・2度目を同じ方法で確認しても間違いに気づきにくいんです。だから少し違った視点で見直しをしましょう。

成長できるのは、ミスをして
落ちこむだけで終わらせず、
反省して次に
つなげられる人！

4 ヒヤリハットは教訓にする

日常の中には小さな " ヒヤリハット " がたくさんあるもの。書類がなくて数十分探したこと、内線番号を間違えてしまったことは大きなミスにつながる可能性大。" 危なかったこと " は、教訓として書き留めておきましょう。

"軽やかに働きたい"私の必須アイテムたち

仕事で使うことの多いA４サイズのバッグは、大きいからこそ使わないものも入れっぱなしにしたり、ものを放り込んだりして中がごちゃつきがち。

最低限必要なレギュラーメンバーを決めておき、その他のグッズは季節や外出／内勤で選別すると、バッグの中がすっきりします。荷物が多い人はバッグインバッグを使うのもオススメ。

名刺入れはすぐ交換しやすいようにバッグのポケットに入れ、化粧品はポーチにまとめて入れておくとグッド。いつも持ち歩くアイテムは、気分の上がるお気に入りのカラーやデザインのものを選んでいます。大人女子なら、ビビッドカラーよりもシックなカラーを選ぶと、より上品な印象に。

とっさの外出に備えて、オフィスにはカラーや少量のコスメを置いています。

バッグは汚れの目立ちにくい、ベージュやネイビーを選んでいます。

Chapter 1

aya's Work

私のバッグの中身大公開

1 ノート

商談用ノートは大好きなブルーを選びました。手帳と一緒に使っても映える色でお気に入り。

2 手帳

お客さまの前で取り出す手帳は上品なベージュ。アクセントになるバンドがポイントです。

3 ボールペン

メモ用に修正しやすいPILOTのフリクション、サイン用に油性ボールペンの2本をセットで。

4 モバイルバッテリー

出先でもタブレットや携帯電話を充電でき、慌てなくなりました。社会人の強い味方です。

5 晴雨兼用折り畳み傘

引き出しに置き傘をしておくと、急な雨の日でも安心。日傘としても使えます。

6 ポーチ

リップやお直し用のファンデーション、絆創膏などはポーチに。中身はプチプラのものが多め。

7 電卓

とっさに数値を計算できる電卓は営業職のマストアイテム。シンプルで軽いものがオススメ。

8 財布、小銭入れ

人とかぶらないデザインの財布。小銭入れには常備薬も一緒に入れています。

9 携帯

マナーモードでも着信にすぐ反応できるよう鈴をつけて。万が一落としても音で気づけます。

10 名刺入れ

名刺入れは2ポケットあるものを。自分の名刺は逆さまに入れておくと交換の際スマートです。

モチベーションは自分で上げるもの

モチベーションが高いかどうかで、効率のよし悪しは大きく変わるもの。だから気持ちを高める工夫をするのも、仕事の一つだと考えています。

起きている時間の半分を過ごすオフィスでは、集中力が下がったり、気分が落ちたりしたら、少し歩く・居場所を変えるなどしてプチ気分転換。15時になったら、給湯室でほっと一息つくのも習慣にしています。また、机にはお菓子やマッサージグッズなど〝やる気UPグッズ〟を常備。快適にパソコンと向き合うための、ブルーライトカット眼鏡や目薬も必需品です。

そして、「次のボーナスであれを買おう♪」とご褒美を設定しておくのも、長期的に仕事のモチベーションをキープするのに効果的です。

いつも一緒のマイバッグは、ずっと欲しかったくすみベージュカラー。ショルダーバッグにもハンドバッグにもなる便利さにも惹かれて購入。気分が上がります。

aya's Work

快適に働くために

ちょっとした工夫で仕事のやる気は上がるもの。
便利なツールやこまめな気分転換がとっても大事です。

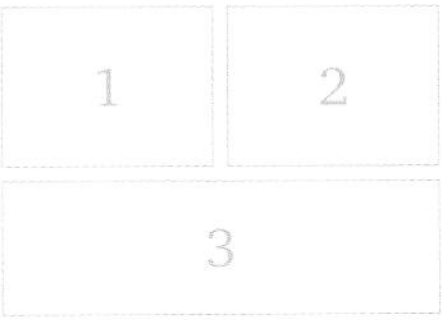

1 眼鏡

パソコン作業が多い日は、ブルーライトカット眼鏡をかけて、さらに少し液晶の照度を落とします。眼鏡を頻繁につけたり外したりすると化粧がよれてしまうので、かけるのは午後か夕方の時間から。

2 ヘアアレンジ

リフレッシュのために髪型を変えるのも一つの手。ポニーテールにすると、顔周りがすっきりするので集中して作業できます。

3 お茶とおやつ

15時の休憩に欠かせないのがちょっとしたお菓子。あたたかい紅茶とともにいただきます。

Column
1

私の休日
～キャンプが好き～

心洗われる壮大な光景

よく行く静岡県の“ふもとっぱらキャンプ場”は、人気なだけあって景色がとっても綺麗。一泊すればいろんな表情の富士山が見られます。

キャンプ飯は格別のおいしさ

キャンプ場で作る簡単ご飯にはまっています。アヒージョやフレンチトースト、ホットサンドが鉄板メニュー。何を作っても本当においしい！

揃えたくなる、専用グッズ

何度かキャンプに行くと勝手がわかるようになって、グッズを揃えたくなるんです。お気に入りの調味料ケースは家に置いても映えます。

土・日曜に楽しみな予定があると、
お仕事もその分、頑張れます。
自然を感じられるキャンプはとってもオススメ！

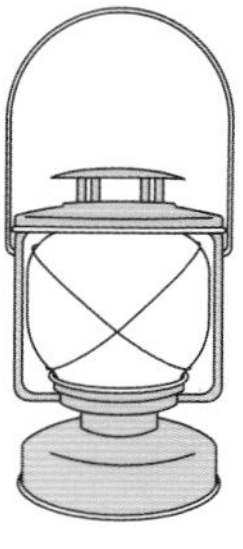

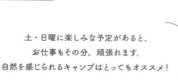

Chapter 2

好印象を与える所作とマナー

好感を持たれる所作と話し方

社会人になってから、多くの方と話をする機会が増えました。アルバイト時にはなかった緊張感で、お客様や関係会社の方、社内の人と対等に話をしなければなりません。対面で話をする場面では、表情や所作に気持ちを乗せて表現し、電話ではより一層、発する言葉や声に心を込めて、相手に思いのうちが伝わるように工夫します。どんな場面でも謙虚な姿勢は大切です。

また、話すときには必ず結論から述べることが重要。質問にもまず一言回答してから理由を後づけします。聞いている側からすると、相談なのか、報告なのか……何が言いたいのかわからない時間が多くなると不信感も増してしまいます。要点をまとめてから簡潔に話すと好印象です。

【面談・面接の心得】

1 質問の意図を汲み取る

例えば「最近のニュースで気になるものは?」と聞かれたら、相手がその質問から何を引き出すことを目的としているのか、その意図を考えます。

2 ふわっとさせない

「～したいです」「～したいと思います」ではなく、「～に尽力します」「～いたします」と言い切りの形で終わらせると、熱意を伝えられます。

3 ポジティブワードを

ネガティブな表現は避けて。例えば「他社に負けないように」を「当社を選んでいただけるように」と変えると、途端に前向きな印象に。

【営業職としての心遣い】

1 お客様を知る

相手の企業ニュースが自動でメールで届くように設定し、必要最低限の情報を得られるようにしています。これは先輩からの教えです。

2 ノート持参で漏れをなくす

商談後に「これ聞くの忘れた!」ということがよくあったので……。事前にノートにお尋ねする項目や商談のゴールを記載して、そのノートを見ながら話をするようにしました。

3 見えなくてもお辞儀

先輩がお辞儀しながら電話をしているのを見て、私もその習慣を真似るようにしました。その方が相手に気持ちが伝わる気がします。

aya's Work

話し上手になるためには……

話すことに精一杯にならず、その場の空気を読んで。
仕事以外でも使える４つのマイルールを紹介します。

話し上手になるためには、
話す内容を自分が
一番理解しておくこと。
話す上で少しでも
不安なことがないように

1 相手の反応が第一優先

話しながら必ず相手の反応を見て次の展開を考えます。反応が薄いと感じたら、一度質問をいただきましょう。不安や不満がありそうにしている場合は、必ず納得されるまで話を聞きます。一方的に話すのではなく、キャッチボールをするイメージで。

2 伝えたいポイントは3点まで

４点以上伝えてしまうと注意が発散してしまいがちなので、要点は３点までに絞って。最初に「●点のご報告があります」と数を伝えると、相手も心の準備ができます。簡潔にわかりやすく話すことを意識してみましょう。

3 相づちは複数を使い分け

「おっしゃる通りで……」「同感です」など、ビジネスならではの相づちを複数覚えておきましょう。話を聞いて、自分なりに受け止めているということを示す姿勢は、相手に安心感を与えます。“聞き上手は話し上手”という言葉も。

4 ポジティブな気持ちは全面に

嬉しいことやお礼の言葉は感情を込めて伝えると好印象。「おかげ様で……」「本当に嬉しいです」などのポジティブな表現で、出し惜しみせずたくさん伝えましょう。逆に歯切れの悪い語尾などは避けるように。

相手を理解しようとする気持ちは
話し方にも表れます。
相づちとジェスチャーで
上手に表現を

読みやすく美しい文章は誰でも書ける

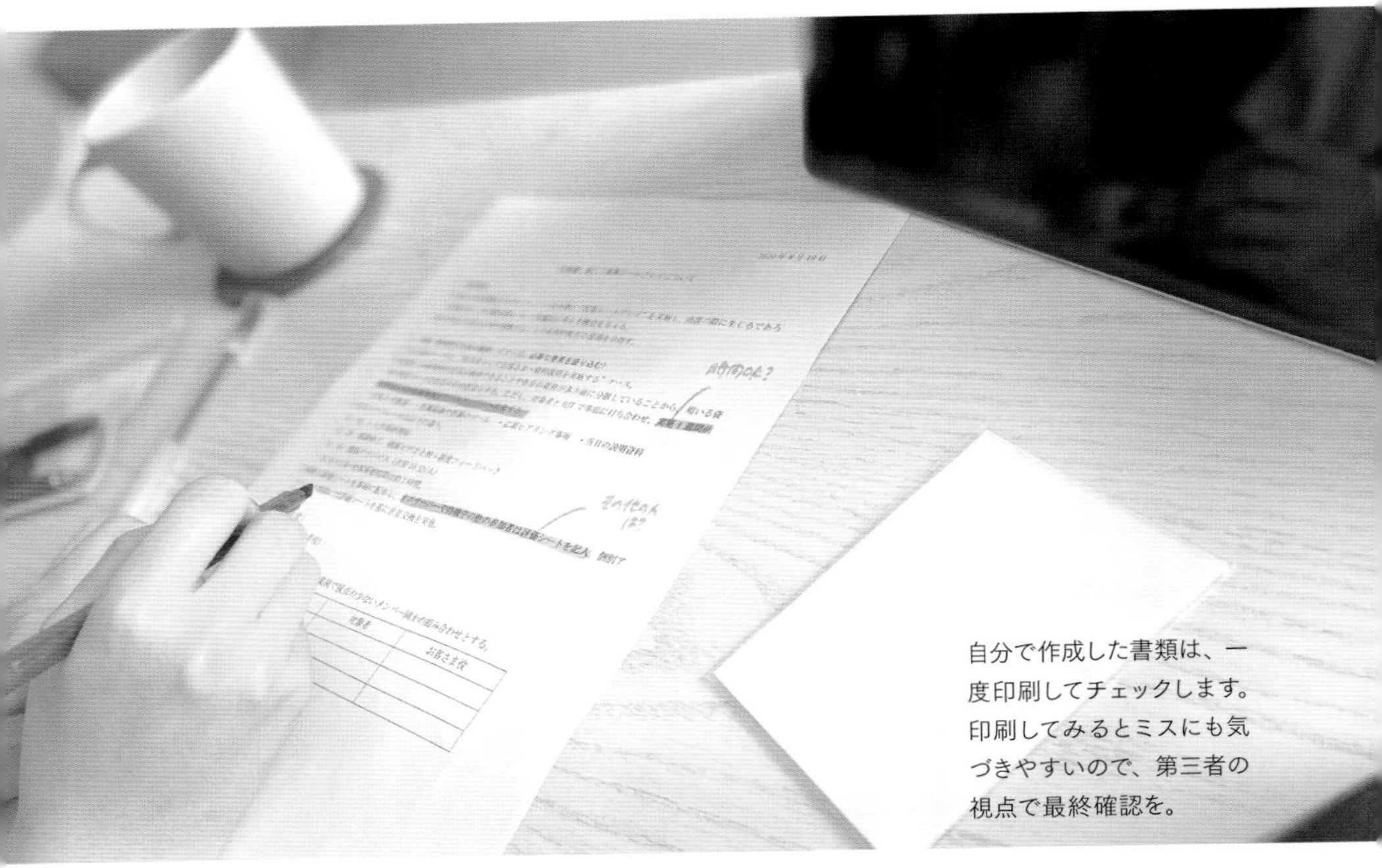

自分で作成した書類は、一度印刷してチェックします。印刷してみるとミスにも気づきやすいので、第三者の視点で最終確認を。

報告書や企画書、案内文など、文章を書く機会がたくさんあります。年次が上がるにつれ、求められるレベルも次第にアップしてきました。

文章はおもむろに書き始めるのではなく、まずは手書きで大まかな構成を立てるとスムーズです。

回数を重ねるうち、自分のしやすいミスや訂正されるパターンが見えてくるはず。それらを把握しつつ、本や新聞、先輩や上司の報告書・企画書を読み、構成や表現の方法を学ぶのが文章力をつける近道です。

プレゼン資料を作成するときは、写真やイラストを交え、視覚的に訴えるデザインを心がけます。発表前のリハーサルは必須。淡々と読むのではなく、メリハリのある発表を。

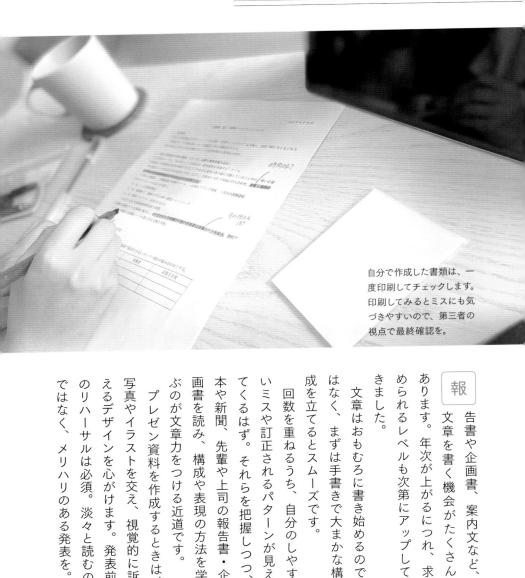

aya's Work

読みやすい文章を書くコツ

マイルールを設けておくと、すっきりとした読みやすい文章を作れます。読み手の立場になることが大切。

1 同じ文章内の言葉は統一する

「2cm」「2cm」「2センチメートル」など、同じ文章の中で異なる表現をしてしまうと、読み手にとって不親切なものに。アルファベットと数字は半角にする、など一定のルールで書いていきましょう。

規定枚数に収まらない場合は、回りくどい表現を省く、行間を詰めるなどの工夫をしてみて。

2 主語は必ず書く

自分ではわかっていても、相手には「これは誰の行動?」と疑問を持たれてしまうことも。"5W2H"を意識して文章を書くようにしましょう。特に日報や報告書を書く際には、"いつ、誰が"の部分が要《かなめ》となります。

完成したと思ったら一度印刷して、全体のボリュームやフォントなどを確認してみるのがオススメ。

3 正しい日本語を使う

"宅急便"→"宅配便"のように、ある企業の登録商法となっている言葉を使わないように注意しましょう。略語を使う際には、(以下、略称)と書いて。はじめて読む人にもわかりやすい文章を心がけるとグッド。

4 題名は内容と一致させる

文章の題名や各章のタイトルが内容と一致しているか、最後に必ず確認を。私は題名を最後に考えることもあります。例えば、"現状"という章に自分の考えや将来の予測を書いていないかなど、矛盾がないかチェックしましょう。

相手に好印象を与える メールのひと工夫

一日にメールを何通送りますか？1通に5〜10分かかることもあるので、一日の仕事のうち多くの時間をメールに取られているのがわかります。

私は少しでも効率的に的確なメールを送れるよう、ユーザー辞書を使ったり、定型文を登録しておいたりと工夫をしています。受信したメールを案件ごとにフォルダに細分化しておき、メールを探す手間を省いておくのもオススメ。

メールの題名で【報告】【案内】【締め切り：○月○日○時】など重要事項を目立たせるのも効果的なテクニックです。また、お願いメールを送った後には、必ず電話でフォローを入れるようにすると、相手と良好な関係を築けます。

メールを開いたらすぐに返信を。後で返したい場合は、もう一度メールを“未読”にしておくと、見逃すことなく返信できます。

aya's Work

効率UP&好印象につなげるメール術

早くメールを返信することも大切ですが、同じくらい気配りも大切。
礼儀正しく丁寧なメールが"信頼される社会人"には必須です。

1

署名は複数パターン用意

社内用・社外用・打ち合わせセッティング用など、複数のテンプレートを署名に組み込んでおくと効率的。メールを送る相手に合わせて署名を瞬時に切り替えると、大幅な時短に。

2

添付ファイルは説明を

添付ファイルは2MBサイズまで、と配慮を。複数のファイルを添付する場合には、ファイルに番号を振りメール内で箇条書きの説明を入れて、何のファイルかわかるように。

3

宛名には気をつけて

「関係者各位」「＊＊部長」など、宛先に「様」が不要な場合があります。送る前には必ず確認を。メールの宛先（To、Cc）の順序は、職位が上の方から並べるようにしましょう。

4

転送には要注意

転送は便利ですが、なかには機密情報が含まれているかもしれないので、転送ではなく一部を引用するのがオススメ。転送すべきかどうか迷ったら、送り主に確認すると安心です。

5

ユーザー辞書を活用

「大変お手数をおかけしますが」「どうぞよろしくお願いいたします」などの定型文は、ユーザー辞書登録しておくとグッド。すぐに変換できない会社名や単語も同様に。

焦っているときも、メールを送る前には
必ず見直しを。宛名、添付ファイル、
署名、誤字は最低限、
絶対に確認！

オフィス内外でのちょっとした心遣い

書類の授受やお金の徴収など、モノやお金のやり取りが発生することも。学生時代はそのまま手渡しでも許されましたが、社会人としては封筒やクリアファイル、一言付箋などを用意すると好印象です。

書類を渡しに行って、担当者が不在の時には必ず一言メモを添えて置いておき、後から受け取りの確認電話を入れましょう。お客様へ資料を送るときには、例え資料が1枚だけだとしても、送付状も併せて作成します。〝送り先、お渡し先のことを考えて言葉を添える〟という心遣いは、オフィス内外のどちらでも大切です。

依頼していた書類が机の上に置いてあったときには、直接お礼を言うなど、一緒に働く方への気遣いを常に忘れないようにしましょう。

XX課長
市場調査結果をまとめました。
参考資料も念のため
ご確認お願いします。
○○

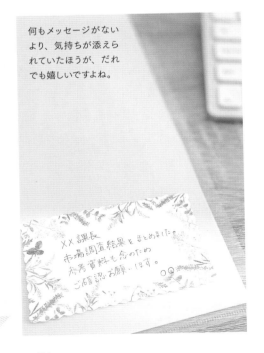

何もメッセージがないより、気持ちが添えられていたほうが、だれでも嬉しいですよね。

【覚えておくと便利な社会人マナー】

■ 取引先の方と上司を初めて会わせる際

紹介の順番は①お客様へ上司を、②上司へお客様を、の流れで。はじめに「ご紹介申し上げます」と断るとより丁寧に。

■ エレベーターにて

基本的に「お先に失礼します」と一言断ってから自分が先に乗りますが、中に人がいる場合はお客様に先に乗っていただきます。

■ お客様を迎える際

来社時間が2時間以上の場合はペットボトルのお茶を用意。室温が気になったら、先に意向を伺ってから調整。小さな気遣いです。

aya's Work

“そのまま”では渡さない

立て替えてもらったお金は封筒に入れて渡す、書類はクリアファイルに入れて渡す。そんな小さな気遣いがオフィスライフでは大切です。

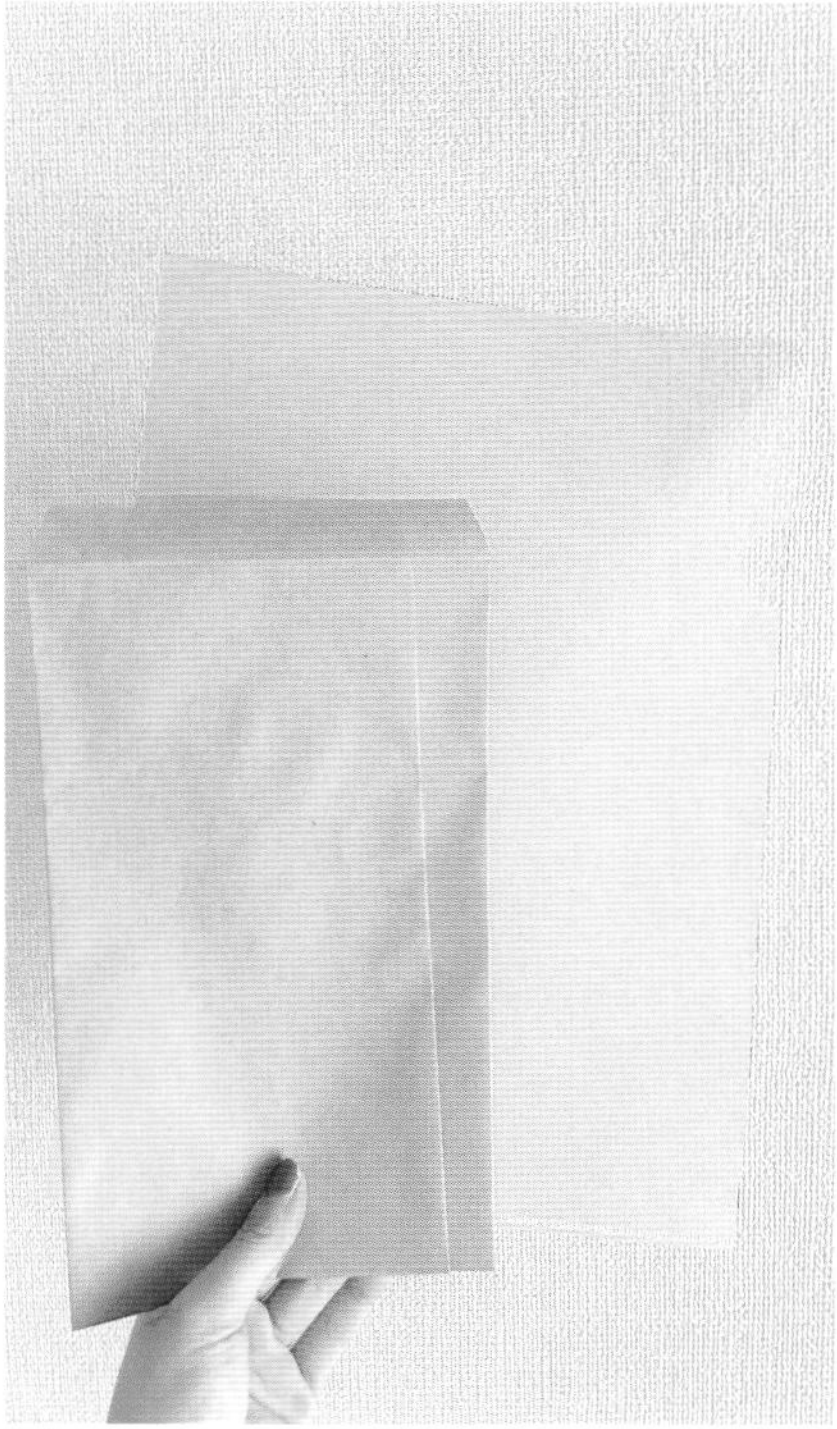

1 2

1 クリアファイルや封筒は書類を渡すときのために常備しています。いろんなサイズを揃えておくと、なお便利。社外の方へ渡す際には、新品のクリアファイルや折れていない封筒を使って。

2 送付状はフォーマットを作成しておくとラク。自分が送付物の部数を確認する際にも役立ちます。問い合わせ先まで明記しておくと一層丁寧。後日、お電話で到着確認をするのも忘れずに。

上司への報連相はエレベータートークで

エレベータートークとは、エレベーターに居合わせた1分ほどで簡潔に物事を伝える話し方のこと。私は普段からこれを意識して報連相を行っています。

上司が打ち合わせから戻ってきてすぐや、電話が終わってすぐに話しかけるのは避けます。その時間は頭の整理をする時間にあてる人が多いからです。席に着いた後に頃合いを見計らって、お声がけを。まず結論を述べて、〝5W2H〟を踏まえながら〝上司にどうしてほしいか〟を最後に必ず伝えます。

さらに上司からの問いを予想して複数のQ&Aを用意しておくと、その後のやり取りも少なく済みます。事前準備を怠ると、確認の時間をさらに取られてしまうので入念に。

【aya流の報連相《事例》】

1. ○○の部品の件でご相談があります。
2. 結論から申し上げると、部品が納期に間に合わないとのことで、お客様に至急お詫びにお伺いしなければなりません。
3. 納期が間に合わない理由は2点あり、〜〜と〜〜です。
4. ＊＊部長には、電話でのお客様の反応次第で、ご同行いただきたいのですが、いかがでしょうか。

①報連相のどれに当てはまるか、②結論、③理由を簡潔に、④上司に依頼したいこと。このように、基本の形はこの①〜③、相談や依頼の際には④を足して。

声をかける前に
「＊＊部長、ご報告があり、
お時間5分ほど
よろしいですか?」と
必ず所要時間を示して

“会社の代表”として丁寧な電話応対を

【電話で使える敬語】

■ 読んだんですけど
▶ 拝見したのですが

■ 聞きたくて
▶ お伺いしたく

■ ○日の訪問の件
▶ ○日のお約束の件

■ 聞こえにくいんですが
▶ お電話が遠いようで

■ すみませんが
▶ 恐れ入りますが

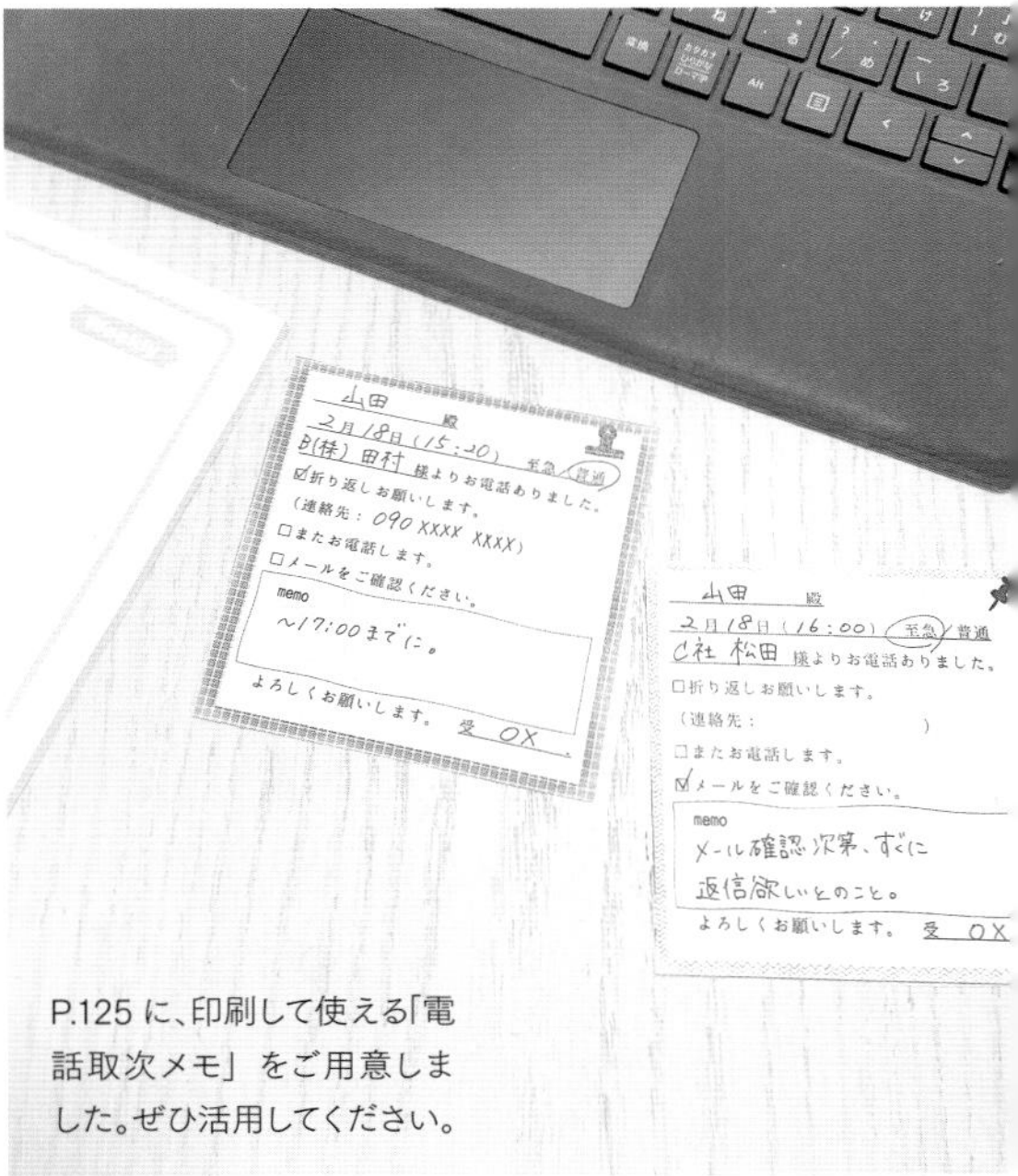

P.125に、印刷して使える「電話取次メモ」をご用意しました。ぜひ活用してください。

社外からの電話では出た人が〝その会社の代表者〟と認識されるので、どんな電話にも、毎回新鮮な気持ちで対応することが求められます。私が心がけていることは3つ。①お名前は復唱する、②1分以上お待たせする場合は折り返す、③時間をかけずに取り次ぐ、です。

まず、「＊＊会社の○○様ですね、いつもお世話になっております」と名前を復唱し、〝今から話を聞きます〟という意思表示を。そして、答えに時間がかかると判断した場合は「1時間ほどあとでご連絡いたします」と所要時間も併せて折り返しを申し出ます。切るときは受話器を置くのではなく、先に手で押さえると音が出ずスマート。取次はテンプレート化したメモを活用して時短。

社外の打ち合わせのカギは事前の準備＆事後の記録

抜けもれなく話をすることが求められる商談や社外打ち合わせ。事前準備ほど大切なものはないと私は思っています。確認してくるべきことはあらかじめノートにまとめておき、それをチェックしながら話を進めるようにすれば、あの件を聞き忘れてしまった……ということを防げます。

先方が複数名出席される商談では、決定権を持つキーパーソンは誰なのかを話の中で把握することも大切。そして打ち合わせのあとは、いただいた名刺の裏に日づけや話した内容を書き込んでおきます。再度お会いしたときに「先日は＊＊の件でお世話になりました。その後、ご挨拶もできておらず申し訳ありません……」とお伝えすると、きちんと覚えているということを印象づけられます。

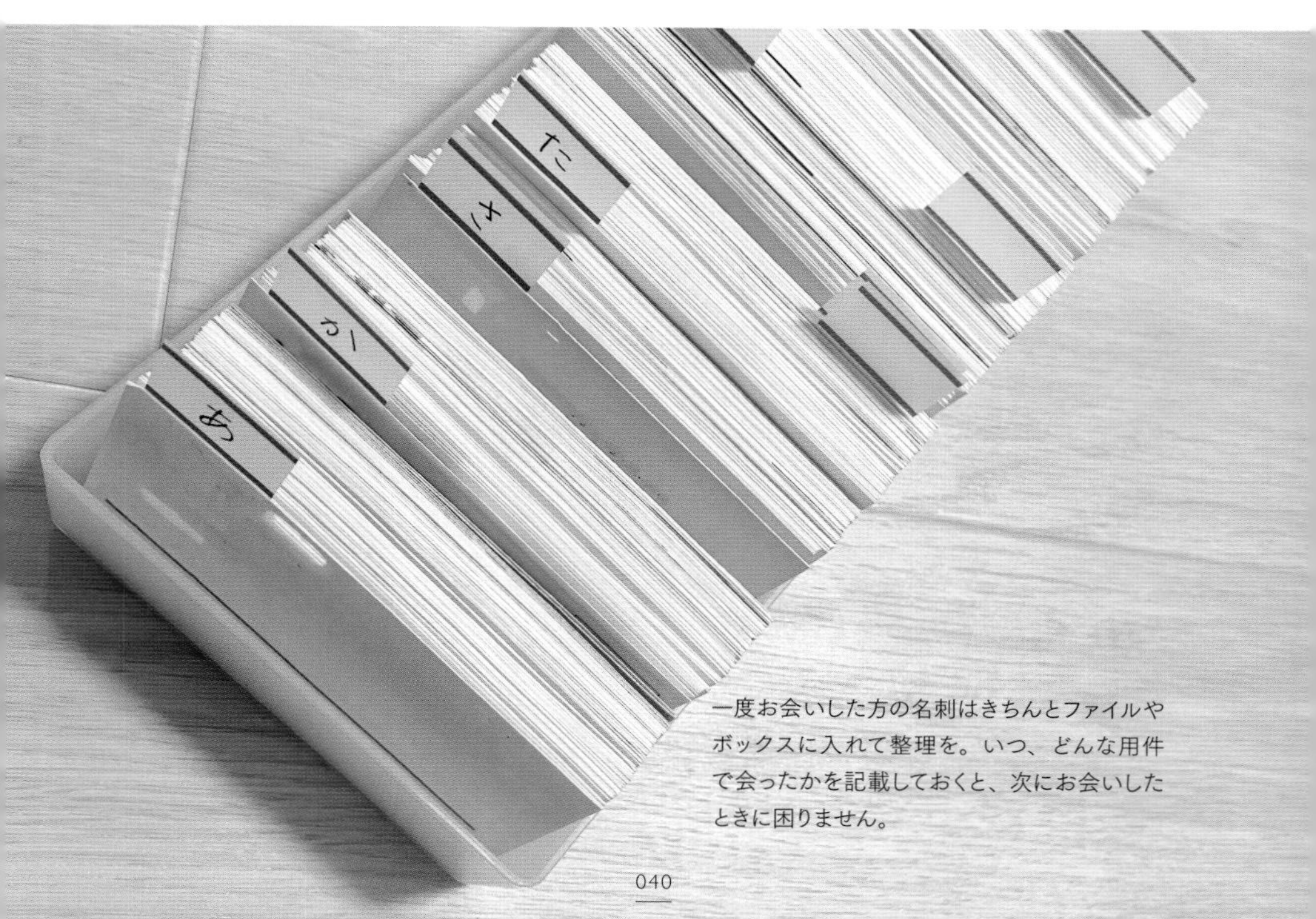

一度お会いした方の名刺はきちんとファイルやボックスに入れて整理を。いつ、どんな用件で会ったかを記載しておくと、次にお会いしたときに困りません。

Chapter 2

aya's Work

社内外で役立つ打ち合わせ術

有意義な打ち合わせをするためには、事前準備と事後の確認が欠かせません。
社外の打ち合わせで心がけていることは、社内の会議でももちろん活用できます。

抜けもれがあったら、
その日のうちに電話で
謝罪のうえ確認を。
次回聞こう……と
先送りするのはNG

1 打ち合わせメモは事前に作る

何を聞いてくるか、最終目標は何か、宿題事項は何か、など事前にフォーマットをノートに作っておきましょう。聞き忘れがなくなりますし、頭の整理をしながら話を進めることができます。上司に報告もしやすくなります。

2 商談終了前に話をまとめる

「本日の件、まず〇〇について確認し、回答します。その後、御社の会議日程が決まり次第、ご連絡をお願いします」など、最後に商談の論点や結果を自分からまとめると、みんなの役割や宿題事項が明確になります。

3 名刺の保管方法

名刺をいただいたら必ず年月日と打ち合わせ内容を記録しましょう。名刺の裏に直接書きこむか、付箋にメモして貼っておくのがオススメです。お客様情報が多くなってきたら､別途“カルテ”を作ると接待時に便利。

商談の相手に気になるところが
あれば、それも名刺に記入。
引継ぎの際にどんな方かを
伝える材料になります

4 お客様の情報は積極的に収集

日ごろからアンテナを高く張って情報収集を。新聞を読むのが苦手な私は、お客様の最低限の情報をピックアップできるようアラート機能を使用。特定ワードの記事が掲載されると、すぐに知らせてくれるので重宝。

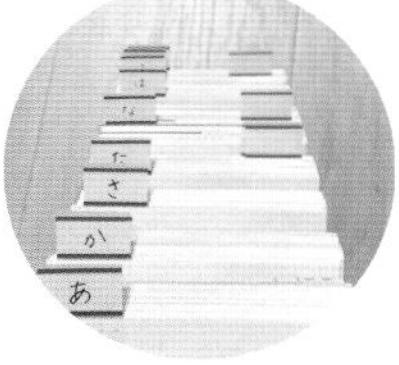

褒《ほ》められる幹事さんの心配り

接待や会食のセッティングも大事な仕事の一つ。当日の進行やお礼に至るまで一連の気配りを必要とされます。「できることならやりたくないなぁ……」と敬遠していた時期もありましたが、コツを掴んだ今では、周りの人たちに配慮しながらもその場を楽しめるようになりました。

幹事や場の進行をそつなくこなすということは、〝流れを読み、その場に合った心遣いを施す〟ということ。学ぶものが多いからこそ、その役割は若手に任されることが多いのだと思います。

仕事で求められる幹事の基本をマスターしておけば、後々きっと、プライベートを含むいろいろな場面で役に立つはずです。

インターネットで予約を済ませるのではなく、お店に電話して詳細を確認。請求書払いができるのか、支払い方法もチェックしておきます。

aya's Work

幹事はポイントを押さえつつ自然体で

ここで紹介するのは、私が実際に幹事をするときの、お店選びからお礼までの一連の流れ。マナーは守りながらも、最大限楽しむことが一番のポイント！

1 お店・コース選びは慎重に

駅からのアクセスやドリンクメニューの豊富さ、コースのタイプなどを総合的に判断して、電話で予約します。個室の場合は防音性まで確認を。大切な接待の前には下見をするのも重要です。

2 案内には、楽しみな気持ちを添えて

形式ばったメールでは、感情が伝わりにくいもの。懇親が目的なら「お会いできることを楽しみにしております」など気持ちを伝える一文を添えて。案内には地図やビル名、緊急連絡先も忘れずに明記。

3 当日は、なるべく素で立ち振る舞う

礼儀は心得ながらも、談笑を楽しむことが一番大切。ふとした瞬間には、全員に話が回るように自ら移動、またドリンクの注文時には隅々まで目配りを。相づちやリアクションは、素の自分で自然に。

4 位置を制する者が幹事を制する

上座・下座はもちろん、ハンガーや灰皿の位置も最初に把握しておきましょう。幹事は下座に座るのが基本。呼び鈴やメニューを手元に置いておくと、スマートに振る舞えます。

5 二次会まで配慮できるとベスト

一次会の近くで二次会をできそうなお店を把握しておいて。一次会終了時に探しはじめると、待ち時間が生じます。料理は和洋中？ カラオケ？ 各パターンで一軒ずつ目星をつけておきます。

6 お礼の気持ちを伝えて幹事の任務終了

翌日、社外の方にはお礼メールを、社内の人には会社で直接お礼を言います。大切なのは「とても楽しいひとときでした」という思いを伝えること。会食中の話題を添えるのもグッド。

社外の方との接待なら、会話の内容を
忘れないようにメモして上司へ報告を。
楽しむのはもちろん大事だけれど、
本来の目的を忘れずに

Column 2

私の1Dayルーティン

～とある平日編～

7:40

起床
目覚ましは複数使用。二度寝が命取りなのは……わかっている……ZZZ。

9:00

出社
朝礼では各自のTODO確認が行われます。その後は怒涛のメールチェック。

10:00

社内にて
打ち合わせや社外提出資料作成。電話は10時以降にかけます。

11:00

出発
午前中のアポに出発。商談内容は事前にノートにまとめておきます。

12:00

昼休憩
カフェで一人ランチ。営業の私は手早く食べられるパスタがお気に入り。

15:00

帰社
数件の商談を終えて戻ります。その後、退勤まで資料作成や報告などを行います。

18:30

帰宅
簡単ご飯を作りながらInstagramの投稿内容を考えます。

20:00

自宅にて
ソファでごろごろしながらInstagram更新。

24:30

就寝
入浴後は映画やアニメを見ながら寝落ち……。一日お疲れ様でした、私！

Chapter 3

快適に暮らす空間作り

居心地のよい お部屋の作り方

私流インテリアのルールは3つ。

①〝イメージカラーは3色まで〟。ホワイト、オーク（ベージュ）、グレーで揃えています。②〝メインの家具を決める〟。リビングに置ける家具の点数が限られるので、ベッドなど一番こだわりたいメインのアイテムを決めることをオススメします。部屋を広く使うために敷布団派になった私は、その分、ソファにこだわりました。

最後の③は〝5年先を見越す〟です。可愛い家具や家電、柄物を衝動的に購入したいときも一呼吸置き、「5年もその家に住み続ける？」「5年前も同じ色が好きだった？」と自問自答。一人暮らしをはじめたころからの家具はどれも長く愛用し、セール時や、更に好きなデザインに出会ったときに買い替えています。

リビングのメイン家具はソファ。お気に入りのデザインで、遊びに来た友人にも可愛いと褒めてもらえます。ベッドがメインの人は掛け布団の色や柄にこだわって。

aya's Room

小物はゆるーく揃える

インテリア小物は、いろんな雑貨店の気に入ったものを集めて
ゆるくテイストを揃えています。メリハリをつけるための差し色は大好きなブルー。

1	2
3	4

1 素敵なカバーに出会ったので、大学時代から使っていたクッションを買い換えました。差し色になるブルーが爽やかでお気に入り。

2 リビングにはグレーの時計を。長く使い続けるもの、一日に何度も目にするものはこだわって選びます。

3 シンプルなカーテンにはタッセルを合わせています。ちょっとエキゾチックなムードがよいアクセントに。

4 ビーズクッションはとことんリラックスしたいときのおとも。お気に入りポイントがお部屋にたくさんあると、暮らしが楽しくなります。

ワンルームを広く見せる家具選び

一人暮らしの我が家のリビングは約10畳。なるべくお部屋を広く見せたいので、〝部屋に余白を生み出す〟ことを意識します。たとえば背の高い家具を購入する際は、華奢で圧迫感のないものを選び、空間に抜け感が生まれるようにしています。

また、大きな家具は壁と同調するホワイトや明るめのカラーのものにすると、リビングを広々とした印象にすることができます。それぞれの家具の色だけでなく、素材も揃えて統一感を持たせるとなおグッド。

そして小物や雑貨の目隠しができる家具は、ワンルームのお部屋作りにピッタリのアイテム。おしゃれさと機能性を兼ね備えているので、〝ものが多くてもすっきりとシンプルなお部屋〟作りが叶います。

ホワイトとオーク（ベージュ）で揃えたリビングの家具。色や素材を揃えることで、シンプルですっきりした印象に。

aya's Room

家具は無駄なく使いこなす

家具はどこにも無駄がないように隅々まで使いこなします。
“いつか使うかもしれない”ものは断捨離し、使うものだけ残して収納。

1 一部を隠すことができる棚は一つあると便利。TV台として配線を隠すこともできるうえ、来客時には生活感の出てしまう雑貨をさっと片付けることもできます。

2 お部屋に余白を作ることで、ワンルームでも家全体がすっきり広々としたイメージになります。全体的にものが少ないので、趣味のものを少し置いてもごちゃごちゃした印象になりません。

見せる収納と隠す収納の上手な使い分け

掃除用のハンディモップやネイル用品は、箱やバスケットに入れて〝見せる収納〟をしています。すぐ手の届く場所に置いておきたい、でも生活感は出したくない。そういうものは、部屋の雰囲気にピッタリのおしゃれな収納アイテムに入れて棚に置くことで、立派なインテリアの一部となるのです。入りきらない分は潔く捨てる、とルールを決めることで、ものを増やさないルーティンもできています。

賃貸で壁に穴を開けられなくて困っている人（私も同じです……）には、雑貨を掛けて飾れるアイディア家具（はしごなど）をオススメします。賃貸だからと諦めず、お部屋の中に好きなものを飾る一角を作ると、毎日の暮らしがとっても楽しくなりますよ。

ものに合わせてボックスやバスケットなどの収納グッズを選んでいます。それほど生活感が出ない雑貨は、中が見えるメッシュのバスケットに入れています。

aya's Room

はしごを活用した"掛ける収納"

壁にはしごを立て掛けて、お気に入りの雑貨を掛ける一角を
作っています。棚のような圧迫感がないので、すっきりとした空間に。

1	2

1 100円ショップで購入したS字フックやクリップを使い分けています。大きな時計も壁に穴を開けずに掛けられて大満足。ドライフラワーも飾ってお部屋に華やぎをプラス。

2 「明日は何を着ようかな？」とファッションショーをするときにも、このはしごが大活躍。型崩れさせたくないバッグ類も一緒に飾って、日替わりインテリアを楽しんでいます。

ワンルームならではの収納テク

ワンルームは収納スペースが少ないのが悩み。だから必要以上にものを増やさないのはもちろん、収納の仕方にも工夫を施すことが大切です。場所やものによって最適な収納方法は異なります。生活感をなくすために隠したいものもあれば、あえて見せたいものも。私は〝見せる収納〟と〝隠す収納〟を使い分け、メリハリをつけています。隠す収納ではラベルを活用し、中身が一目でわかるようにしています。

　また、収納の際に大切にしているのが〝収納アイテムは同じもので揃える〟こと。ボックスもハンガーも同じアイテムを複数購入し、統一感を持たせています。追加で買うときに迷うこともなく、寸法を測る手間もかからないので、とても楽です。

1 洋服はすべて同じハンガーにかけて収納しています。ハンガーを統一することで狭いクローゼット内の見た目もすっきり。「あの服どこいったっけ?」をなくすために、色分けして整理整頓しています。

2 収納ボックスには手作りのラベルを貼っています。何が入っているか一目で分かるので、迷う時間が発生しません。

棚にはリビングとキッチンでよく使うものを並べて収納しています。各段で置ける面積が違うので、時折入れ替えながら効率的に使っています。

1 あえての見せる収納

インテリアの邪魔をしない雑貨は、メッシュのボックスに入れてあえて見せています。何が入っているか一目でわかるので便利。

2 生活感をなくす

生活感が出てしまう文房具はボックスに入れて収納。このボックスは使いやすいので、いくつも買って、他の部屋でも活用しています。

3 動線を考えた配置

すぐに使いたい掃除道具は、おしゃれなケースに入れて手に取りやすい位置に。キッチン真横の棚なので、動線を意識してお鍋やトレーも収納。

4 災害時の備えを

キャンプのときに使う調味料ケースには、乾パンなどを入れています。使えるボックスはどんなものでも有効活用。

不要なものは潔く手放し
身軽に暮らす

ものが少ない生活に憧れていたので、頻繁に断捨離しています。“一つ増やすなら、代わりに同じ用途のものを一つ減らす”のがマイルール。

〝いつか使うかもしれない〟ものとは暮らさないようにしています。

学生の頃は、ブランドの紙袋やおしゃれな缶、取扱説明書など、何でもとっておく癖がありました。でも結局、使う機会は訪れず……。説明書も、インターネットで閲覧できるものが多いので不要でした。

それらの経験から、〝今使わないものは捨ててもいいもの〟という考え方になりました。迷ったときも、半年間使わないか、フリマに出しても売れなければ捨てるようにしています。洋服は衣替えのタイミングで断捨離を実施。コスメは一軍のものだけ残し、あとは会社の置きコスメにするか、処分するようにしています。

不要なものはどんどん手放すと、身軽に暮らすことができますよ。

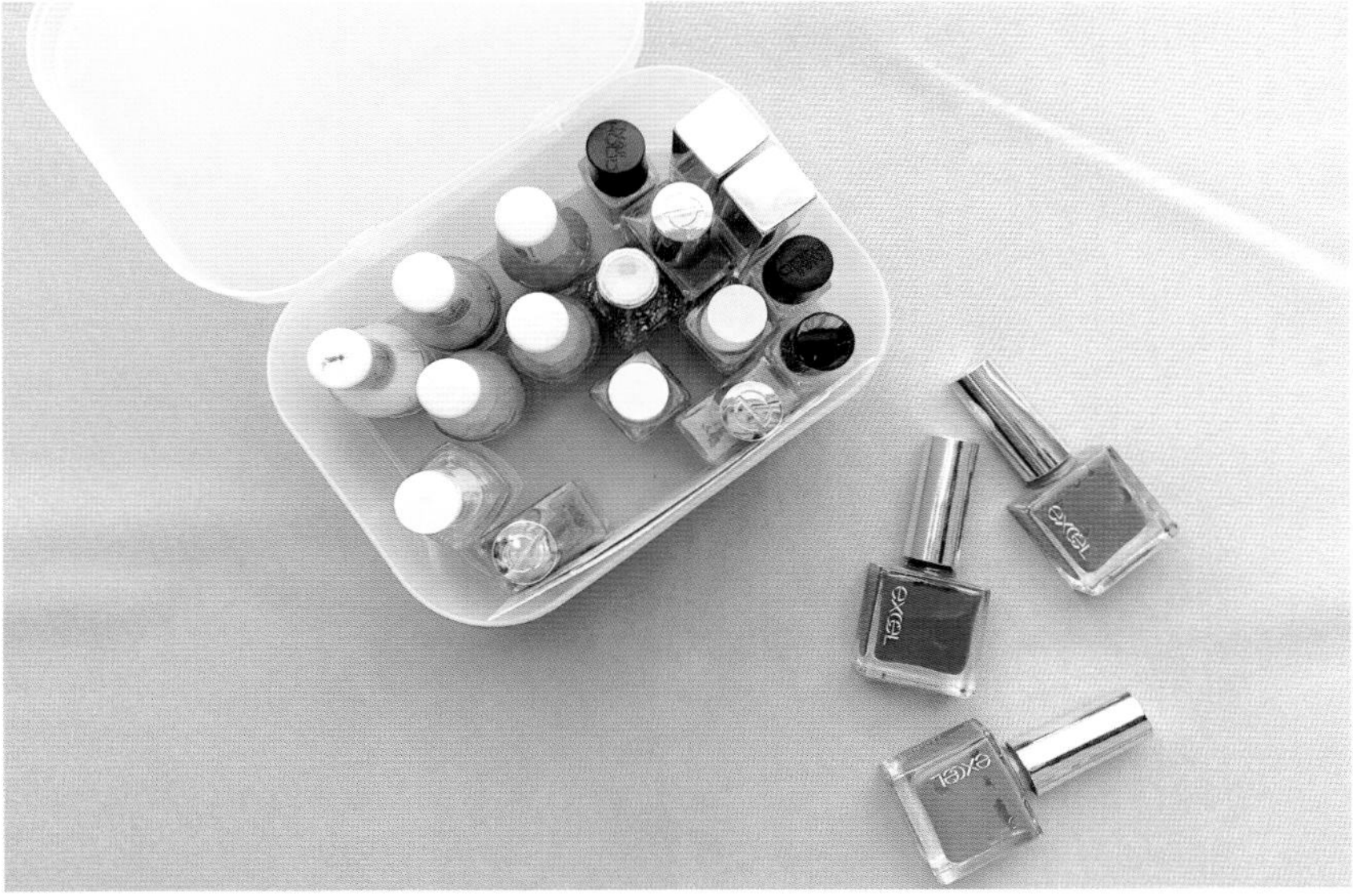

aya's Room

収納できる分だけ持つ

集めてしまいがちな化粧品やネイル、
雑貨などは“いくつまで”と
個数を決めるのがオススメ。

1

2

1 趣味のセルフネイルグッズは、このボックスに入る分だけ。新しいものがほしくなったら、この中で一番使わないものを手放します。

2 衣替えにはキャリーケースを活用しています。冬は夏服を、夏は冬服を収納。長期間使わない服のために専用のケースは買いません。

工夫が命の収納術で シンプルインテリア

収納の少ないお部屋では、埋もれがちな〝デッドスペース〟を有効活用しましょう。洗面台やシンクの下などに細々としたものを収納すれば、雑然としがちなワンルームでも憧れのシンプルインテリアが叶います。また、収納に便利なグッズもいろいろ販売されているので、上手に取り入れてみましょう。

引き出し内も一目瞭然

片方がなくなりがちな靴下は natural kitchen の仕切りを使って両足セットで収納。一目で靴下を選ぶことができるので、忙しい朝の時短にもなります。

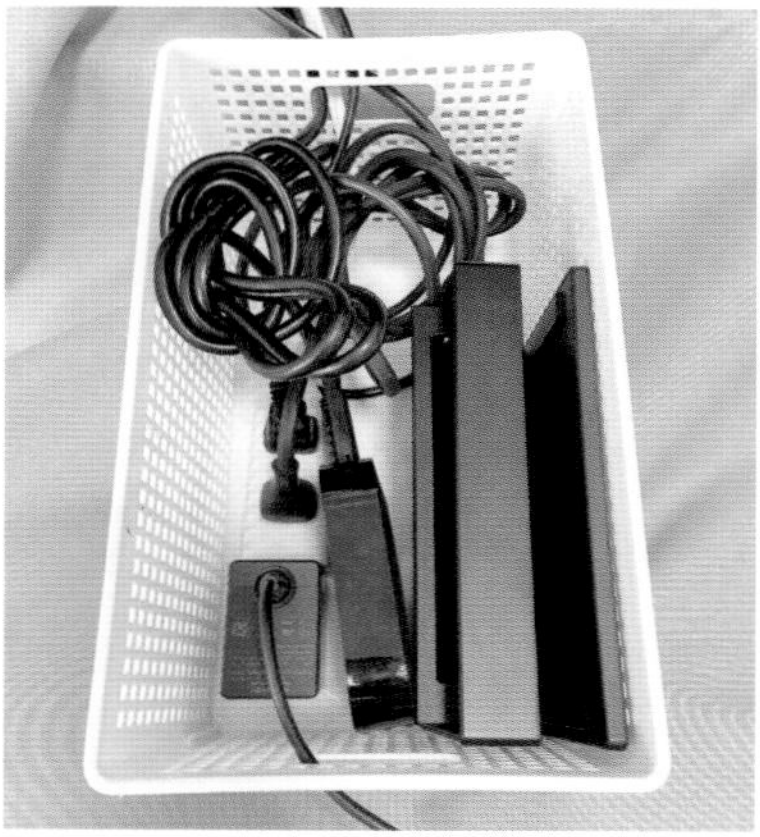

電子機器はメッシュの箱、一択

リモコン操作がしやすいよう、電子機器類をまとめる箱はメッシュのものを選びました。機器を使わないときはコードもまとめて箱にしまうと、お部屋がすっきりとした印象に。

突っ張り棒で二段収納に

洗面台下の収納スペースは面積が小さかったので、100 円ショップの突っ張り棒をいくつか使って二段収納にしています。カテゴリーごとに分類して箱にしまい、わかりやすくしています。

掛ける収納にはピンチを

100円ショップのハンギングステンレスピンチは、バスルームやリビングの掛ける収納にピッタリ。私はS字フックと合わせて、ドライフラワーやポストカードを挟んで飾っています。

細かな雑貨は引き出しへ

薬やハンコ、体温計など、必要なときにすぐに取り出したいものは、無印良品の引き出しに入れています。３段の小物入れは縦でも横でもOKなので、いろいろな用途に使えて便利。

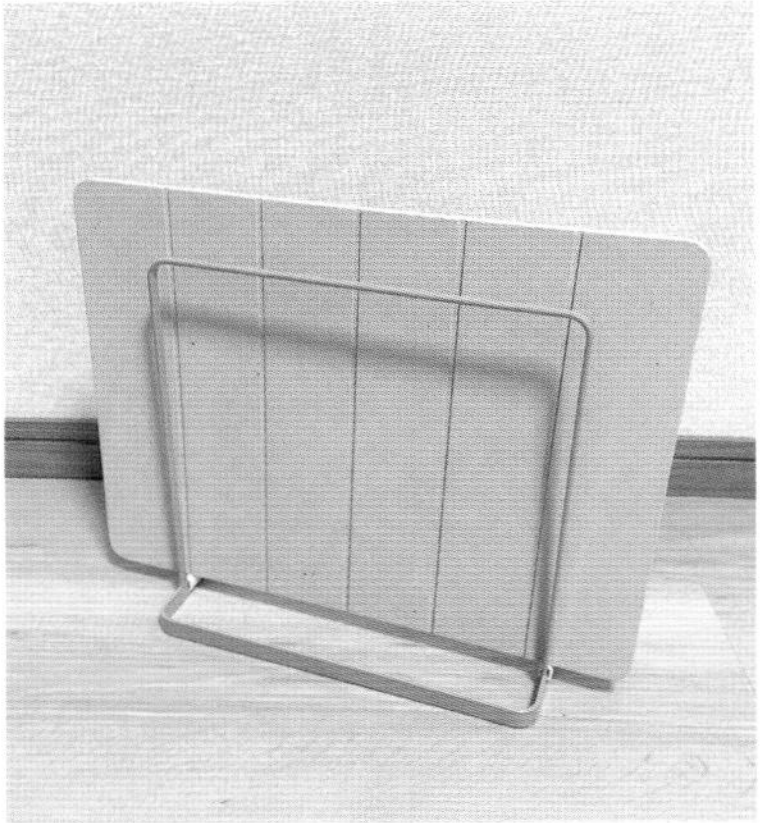

マットは省スペースで水気をとる

珪藻土バスマットを使わないときに乾燥させておくためのスタンド。towerのものはデザインがスタイリッシュなうえ、場所もとらない優秀アイテムです。

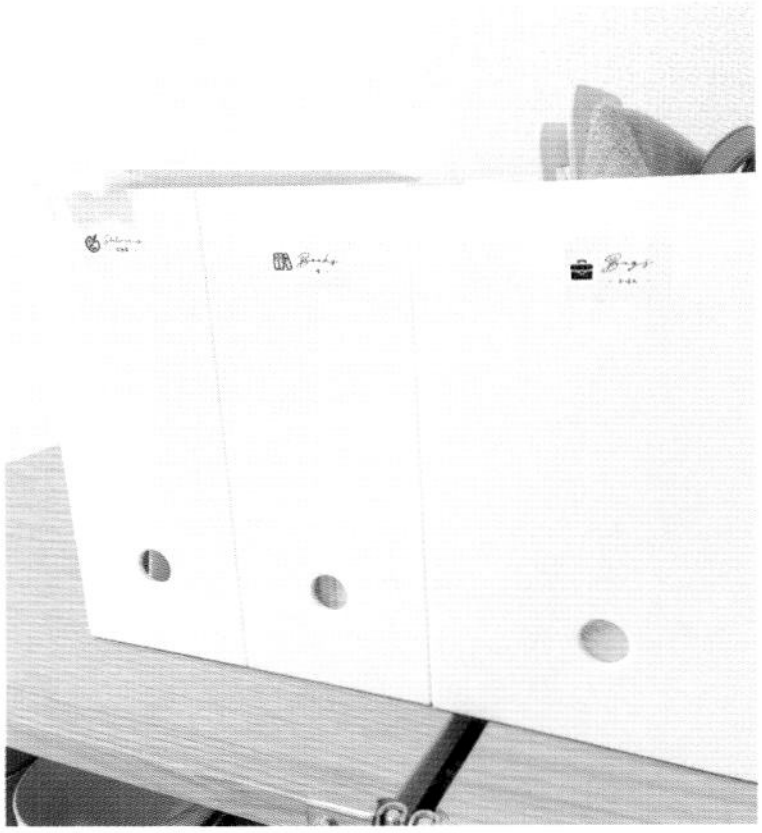

同じ箱で揃える収納

クローゼット上やコンロ下の収納には、無印良品のポリプロピレンボックスを採用。幅違いのサイズを組み合わせて使い、寄せ書きや手紙などの思い出の品を保管しています。

平日と休日で掃除方法、変えています

疲れて帰ってくる平日の夜は、どうしても掃除をする気力が湧かず、ついサボり気味に……。

　そこで購入したのがロボット掃除機。平日の昼に稼働するよう設定しておくだけで、お部屋をしっかりキレイにしてくれます。おかげで平日夜のおうち時間を有効活用できるようになりました。また、「床にものを置いて掃除機の邪魔をしないように」という意識から、もの自体が減るという好循環も生まれました。

　休日は、ロボット掃除機では行き届かない細かな部分をハンディ掃除機でお掃除します。最後はフローリングワイパーで拭き上げるとすっきり。お掃除道具の収納にもこだわって、生活感を出さずにインテリアに馴染むよう工夫しています。

平日13時に稼働を開始するロボット掃除機。時々帰宅すると、どこかで力尽きている姿も愛らしい。飽きずにずっと見ていられます。

aya's Room

道具もインテリアの一部

よく使うものだから、掃除道具は部屋の片隅に置いてもインテリアの邪魔をしないデザインがいい。ケースもこだわって選んでいます。

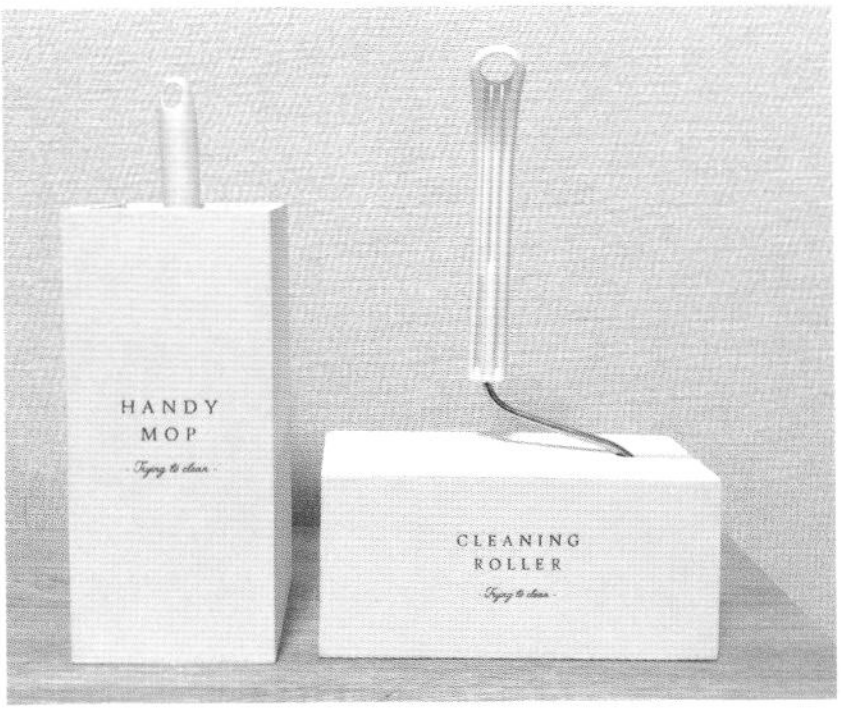

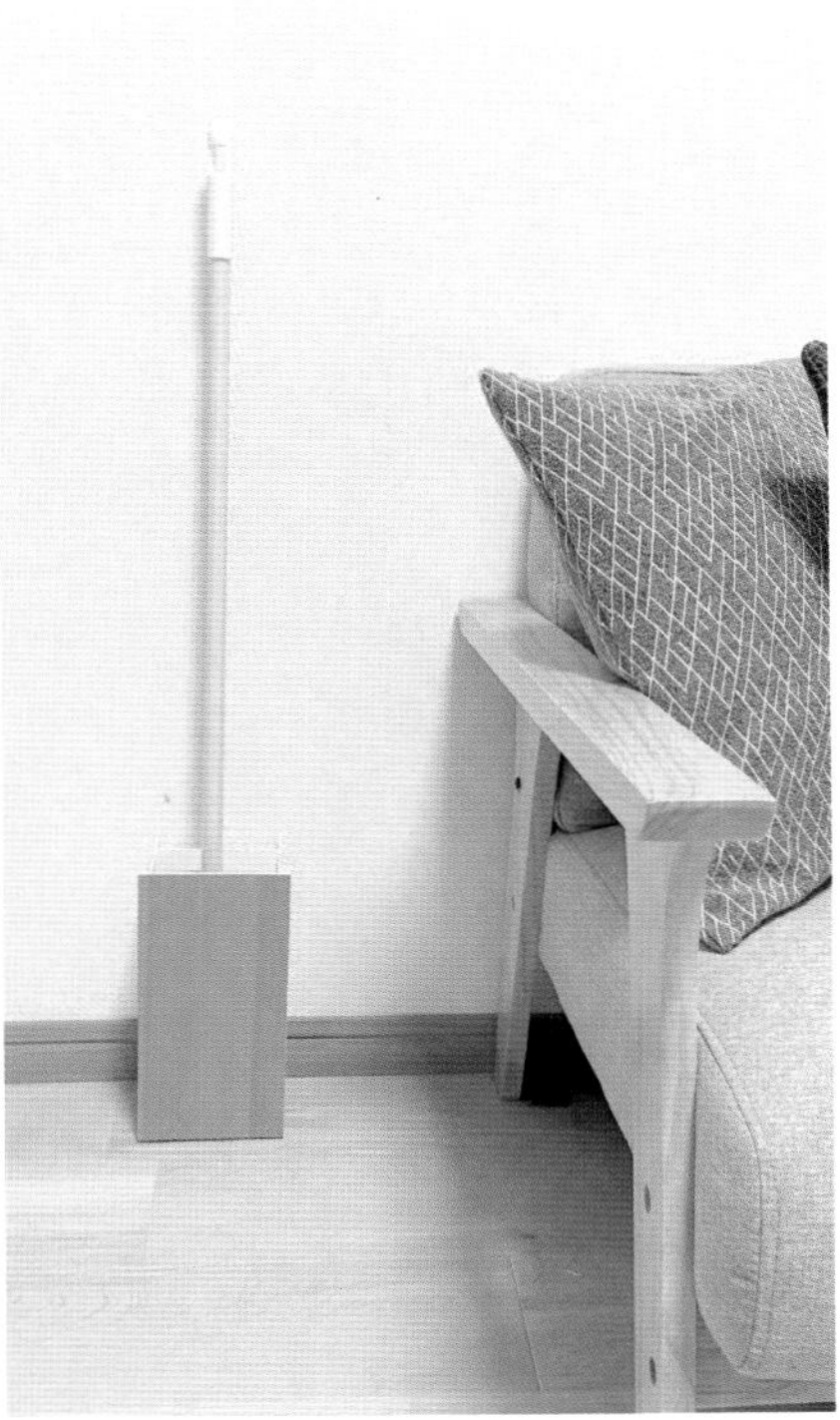

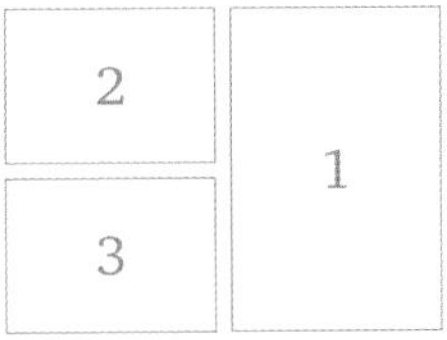

1 フローリングワイパー(ダイソー)はナチュラルなデザインのスタンド(hinata life)にしまっています。取り換えシートもセットで収納できるので一石二鳥です。

2 ハンディモップやコロコロ(セリア)も見せないようにケース(ナチュラルキッチン)を使用。お部屋の雰囲気に合わせてホワイトのものをチョイス。

3 業務用としても使われているmakitaの掃除機は小回りが利く優れもの。充電式なのでコードも気にせず身軽にお掃除できます。

シンプルで使いやすいバスルーム作り

散らかりやすい洗面所やバスルームには、使うものだけを厳選して置いています。使用頻度の高いスキンケア、ヘアケア、ランドリー用品は、動線を意識して棚の各段に。タオルや小物の色や大きさ、テイストを統一すればおしゃれな雰囲気になります。ドライヤーやヘアアイロンはトートバッグに隠す工夫も。狭い洗面所の隙間を活用しながら、効率よくものを収納しています。

汚れが溜まりやすいお風呂は、掃除がしやすいようにものの置き方を工夫。私はタオルハンガーにS字フックやボトルハンガーをかけて、「吊るす収納」をしています。ボトルの底に水垢がつかないのでストレスフリーなうえ、汚れが溜まりにくくなり、掃除がとっても楽になりました。

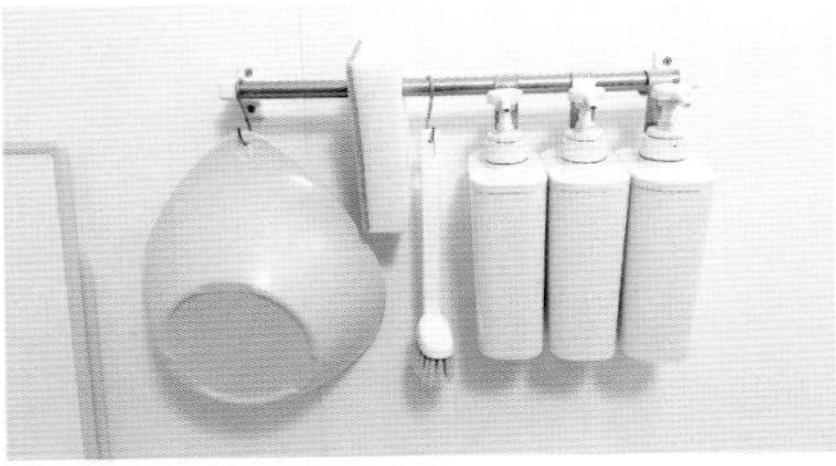

1 洗濯機横の隙間も無駄にしません。マグネットで予備のハンガーを吊るしています。

2 水回りの小物は“オキシ漬け”（浴槽にお湯とオキシクリーンを入れておくだけ！）。放置しておくだけで綺麗になるので、ズボラな私にピッタリ。

3 バスルームはグレーで統一を。風呂桶や掃除用品は吊るせるものを選んでいます。

洗面所の棚はスリムなタイプ。ヘアケア・スキンケアグッズ、タオルなど、よく使うものだけを各段にグループ分け。

1 動線を考えて置く

お風呂上がりにすぐ使えるよう、手に取りやすい位置にスキンケア、ヘアケア類を置いています。ボックスも色を揃えて統一感を。

2 タオルは色を揃えて

バスタオル、フェイスタオルは同じ色のものを揃えています。同じものを使うことで、傷み具合がわかるのでオススメです。

3 トートバッグはかさばるものの収納に

捨てるか迷っていたトートバッグを収納グッズとして再利用。ドライヤー、ヘアアイロンなどを雑多に入れています。

女性×一人暮らし 物件選びのポイント

女性の一人暮らしでは、物件選びがとても重要。絶対に譲れないポイントは決めておきましょう。

物件のメリット・デメリットを慎重に見極めることも大切。例えば、人気の角部屋は隣人の物音が気になりにくい反面、出窓が多いのでたくさんのカーテンが必要になります。また、宅配ボックスに惹かれて物件を決めたのに、設置数が少なく、いつも埋まってしまっている……ということも。細かな点まで抜かりなく確認しておくと、満足度が高まります。

新居選びの際は、夜に駅から家までの道を歩くのもオススメ。思ったよりも道が暗かったら、再検討したほうがよいかもしれません。コンセントの個数や場所の把握、家具の搬送のための寸法計測もマストです。

リビングと一続きの明るいキッチン。冷蔵庫や電子レンジの位置は、扉の開閉や導線を考えて配置を。

家具・家電は“置けるけれど、通れない”ことも。家具を買う前には寸法も確認して。

aya's Room

快適な暮らしのために

住んでから後悔したくなかったので、内覧の段階から慎重に
物件を選びました。女性ならではの注意事項は必ずチェックを。

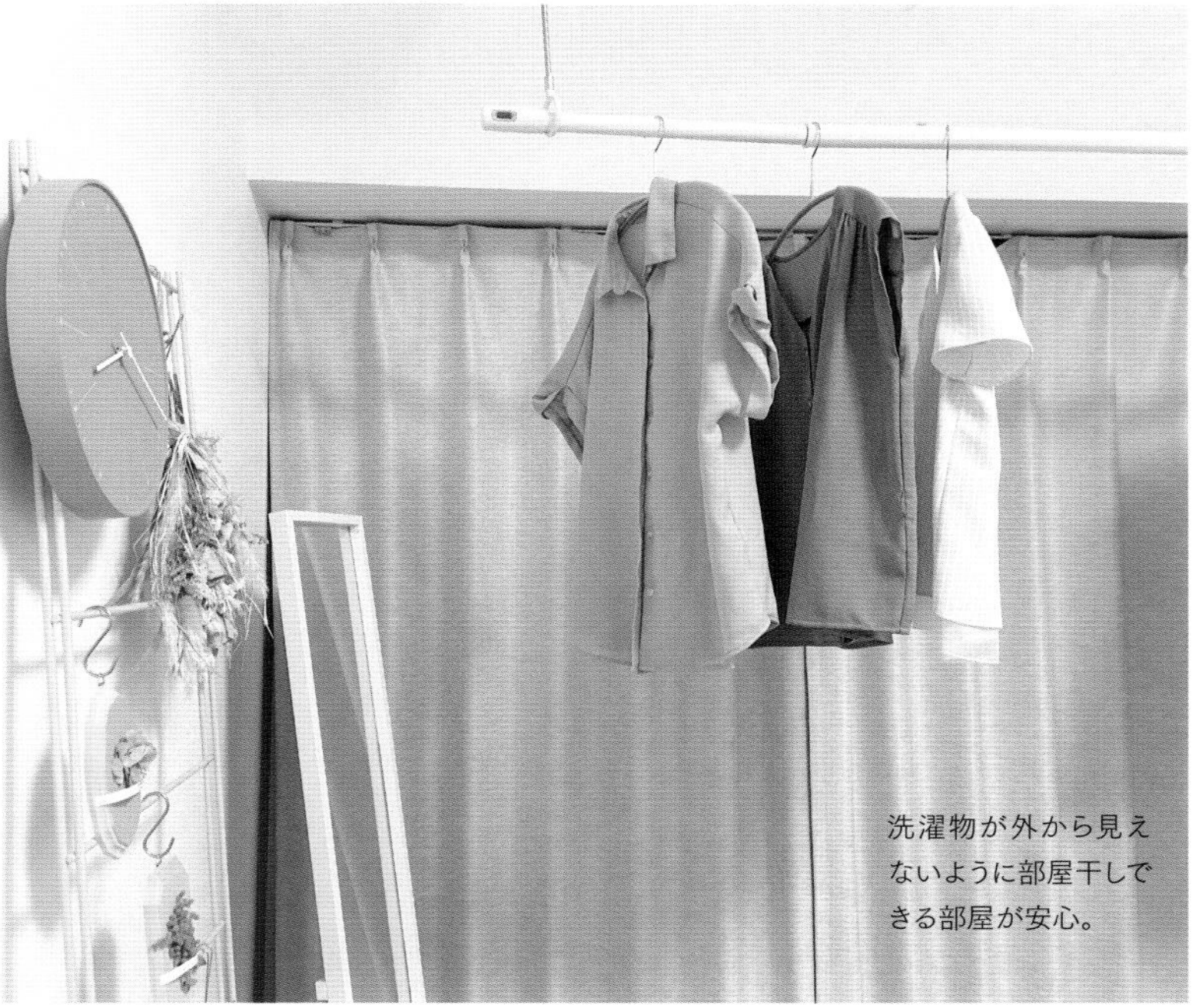

洗濯物が外から見えないように部屋干しできる部屋が安心。

物件選びのポイント

1 交通手段は2種以上

会社までの通勤手段が電車か自転車など、選択できる物件を選んでいます。電車遅延で立ち往生、なんてことも稀にありますので。

2 周辺環境は歩いて確認

お昼に内覧へ行く場合は、周辺の居酒屋の情報も押さえておいて。深夜営業で毎晩うるさい……なんてことも。

3 住民のマナーチェック

指定日以外に大量のゴミが捨てられていないか、駐輪場は散乱していないかなどをチェック。同じ物件の住民のマナーは意外と大事。

4 緊急時の相談窓口は必須

万が一のために、大家さんや不動産会社などの相談先がある物件がオススメ。エントランスに掲示板があるか、も大事なチェックポイント。

大好きなおうち時間で元気をチャージ

平日の夜と休日は、お仕事を忘れて好きなことをゆったりと楽しむ〝おうち時間〟を満喫しています。日課であるインスタグラムの更新とブログ執筆もそのうちの一つ。ムリのない範囲で毎日行っています。

その他にはレシピ本を読んだり、モチベーションが上がる働く女性の映画を観たり……。いろいろな情報が得られる時代なので、インテリア雑貨や仕事で使えるアイテムを探すのも、最近のマイブームです。

仕事でどんなに落ち込むことがあっても、家でしっかり充電して、次の日には前向きな自分で出発します。大人だってたまには立ち止まって休んでもいいと私は思います。自分の身体や心の状態と向き合いながら、毎日楽しく幸せに過ごせるのが一番ですよね。

プロジェクターを思い切って購入してから、生活の質が上がったみたい。まるでホームシアターのような、迫力ある大画面を楽しめます。無印のディフューザーで大好きな香りに包まれながら映像に見入るひとときは、至福の時間です。

aya's Room

好きなものだけと暮らす

生活をする・寝るためだけのお部屋にはしたくないので、好きなものであふれる家にしています。いるだけで心満たされる、私にとって一番の空間。

Column 3

私の1Dayルーティン
～ぐうたら休日編～

8:30

起床？
いつもの癖で起きてしまいますが、きっと幻なので寝ます。

10:00

起床（今度こそ）
お手洗いに行きたくなって起床（笑）。小腹が空いて朝ご飯を食べます。

11:00

家事
まどろみながら洗濯と掃除をちゃちゃっと。

12:00

昼食
簡単に作れる、平日の残り物ご飯を作ります（丼とかパスタ）。

15:00

お出かけ
近所のスーパーへ買い物に。100円ショップにも寄っちゃう……。

18:30

くつろぎながら動画視聴
ひたすらごろごろしながらYouTubeでいろいろな動画を見ています。

20:00

日課のSNS
Instagramの更新。ネットサーフィンをしていると、時間があっという間。

24:00

就寝
ゆっくりと入浴して、布団を敷いて寝ます。幸せな休日でした……。

Chapter 4

元気を養う
お手軽
クッキング

動線を考えて使いやすいキッチンに

料理の習慣をつけるためにも、キッチン周りは使いやすさを重視。よく使う調味料類は手の届きやすいキッチン台の上にまとめて置き、調理用品も出し入れしやすいようケースに入れています。また、可動式のワゴンを買い足し、作業・収納スペースを増やしました。

掃除や洗い物が苦手な方は、ちょっとした工夫をしてみましょう。掃除が苦手なら、キッチン横にアルコール除菌シートをセットして、毎回の料理後に簡単な拭き掃除を。食器洗いが苦手なら、洗い終わった食器を乾かすスペースを小さくして洗い物を溜めないように。

こんなふうにキッチンでもマイルールを決めると、お料理するのが一段と楽しくなります。

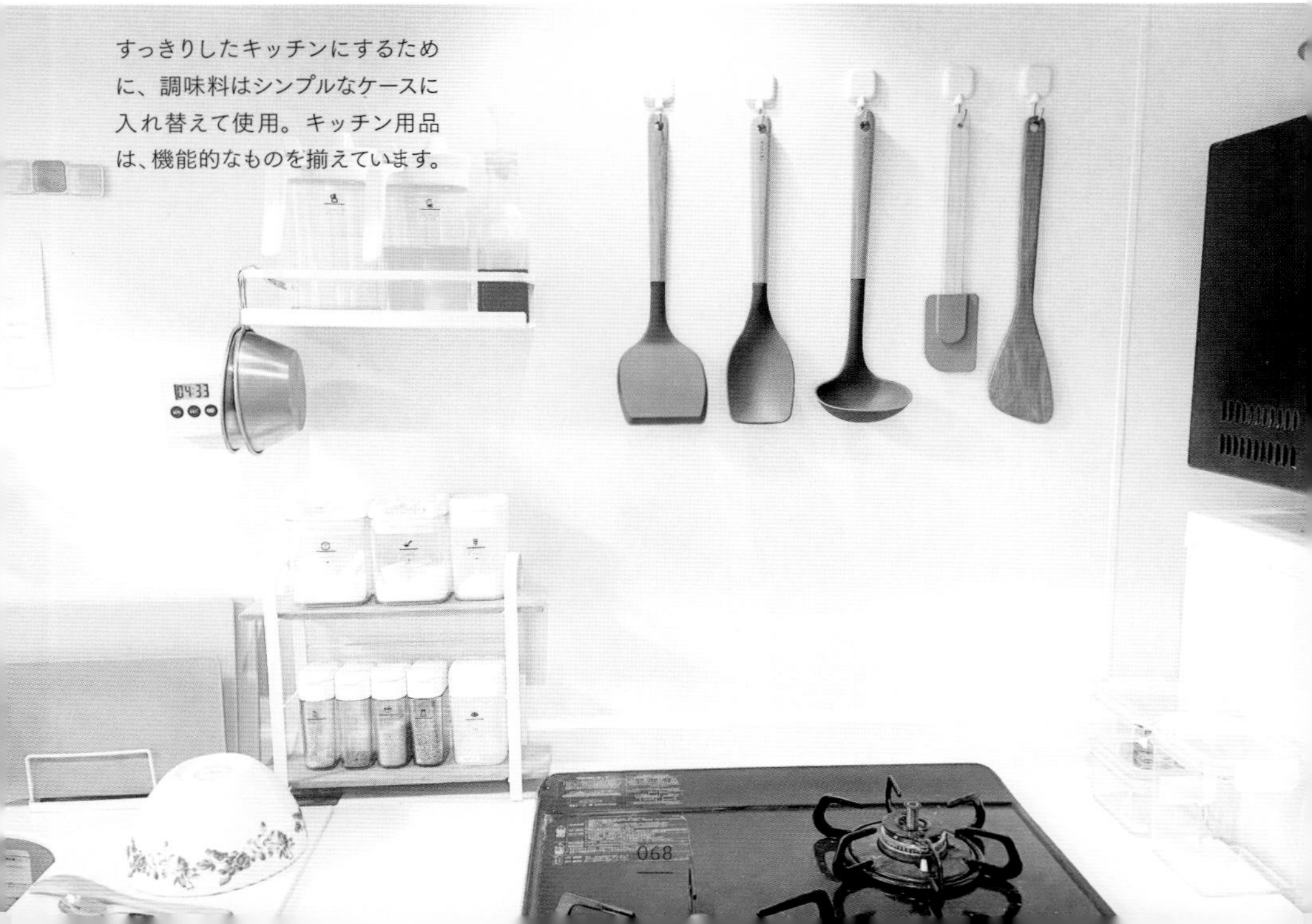

すっきりしたキッチンにするために、調味料はシンプルなケースに入れ替えて使用。キッチン用品は、機能的なものを揃えています。

aya's Cooking

無駄のないキッチン収納

キッチンの壁や引き出しスペースをくまなく活用しています。
料理をしているときも、あれこれと収納法を模索しています。

1 マグネットを活用すればキッチンの壁も無駄なく使えてオススメ。次の料理で使いたいスパイスの袋やレシピを貼っています。

2 引き出しの中はなるべくフル活用したい。私はケースで場所を区切っています。ケースのサイズにフィットするボトルで揃えるとグッド。

3 ワンルームのキッチンでは作業場が少ない……。そのため可動式のワゴンを使って作業＆収納スペースを増やす工夫をしています。

作り置きはしない
気ままな自炊ライフ

平日の夜は、急な接待・会食や残業、先輩からの飲みのお誘いなどが入ることもあり、なかなか予定が読めません。そのため私は平日用の作り置きはせず、予定がない夜は、その時の気分に合ったものをパパッと作るようにしています。市販のレトルトや缶詰を自分流にアレンジした〝ズボラレシピ〟を楽しむことも。

こんなふうに平日はなかなか凝った料理を作れない分、休日はお菓子や揚げ物など工程の多いものを作り、メリハリをつけるようにしています。

平日は疲れた体や限られた時間と相談しながら時短レシピを駆使し、休日は目一杯料理を楽しむ。働く私の、そんな気ままな自炊ライフをご紹介します。

キッチンに立つ時間が好き。レシピを見ずに創作料理ができたとき、手際よくできたときは達成感でいっぱいに。

aya's Cooking

定時上がりの料理時間

仕事が早く終わる日は、
和食を作ることが多いです。
白ご飯が大好きなので、土鍋で炊くことも。

1 豚汁とご飯の組み合わせが好き。メインは和風ハンバーグ、ご飯は甘栗の混ぜご飯を作りました。定食のときは、祖父母から送ってもらった野菜をフル活用します。

2 土鍋で炊くご飯は料理の質を上げてくれます。少し手間がかかる分、お米のおいしさが際立つ、我が家の料理の主役です。

ちょい足しでOKの簡単クッキング

疲れて帰宅する平日夜は、時間をかけずに作れる料理がピッタリです。ズボラな私はコンビニやスーパーで買える商品にひと手間加えるメニューが恒例。コンビニご飯やレトルト食品も楽でいいけれど、表示通りに作るだけではちょっと物足りない……そんなとき、おうちにある食材を合わせて、自分流のオリジナルレシピを楽しんでいます。

インスタントラーメン、缶詰などのすでに味がついているものを主役にすれば、調味料をたくさん使う必要も、失敗することもありません。フライパンや鍋一つでできる料理は、洗い物が少なく済むという嬉しい一面も。

家に常備してある物を活用し、私が仕事終わりに何度も作っているリピートメニューをご紹介します。

取っ手の取れるフライパンはお皿に早変わりするので、もう手放せません……。

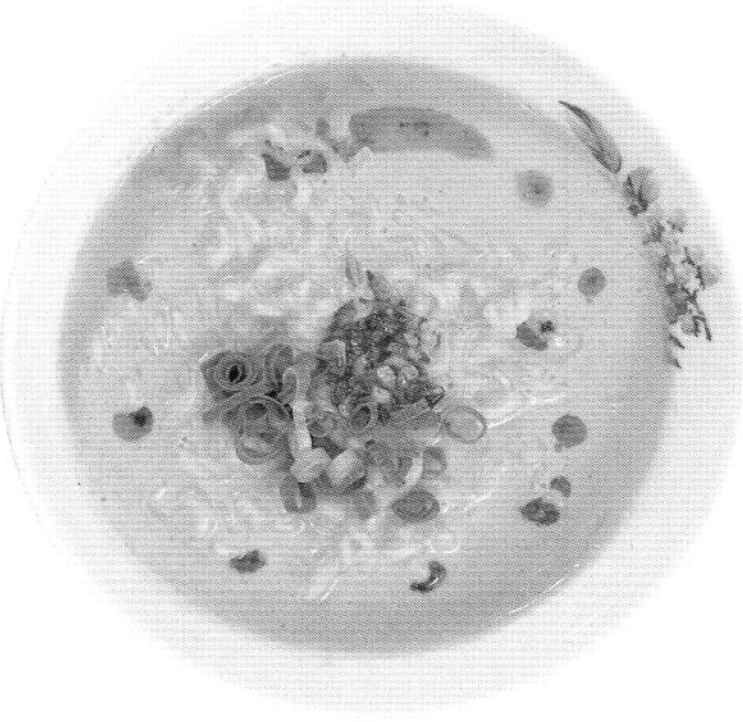

豆乳を入れて、まろやかな味わいに

辛ラーメン×豆乳

材料（1人前）

「辛ラーメン」
（農心ジャパン）…… 1袋
※辛い味のインスタントラーメンでもよい
豆乳 …… 200cc
水 …… 350cc
きざみねぎ
……（お好みで）適量
「食べるラー油」
…… 大さじ1

作り方

1 水を沸騰させ、辛ラーメンを表示通り作る。

2 麺がほぐれてきたら、豆乳を入れてさらに煮込む。

3 合計4分半、煮込んだら、ねぎとラー油でトッピングして完成。

さばとマヨネーズのハーモニーが絶妙

さば缶チャーハン

材料（1人前）

さばの缶詰（みそ味）
…… 100g
マヨネーズ …… 10㎝分
卵 …… 1個
ごま油 …… 小さじ1
ご飯 …… 茶碗1杯
塩・こしょう …… 各少々

作り方

1 マヨネーズを熱したフライパンに敷き、中火でご飯と缶詰のさばを炒める。

2 卵を割り入れて菜箸で素早く混ぜる。

3 塩・こしょう、ごま油で味つけして完成。

和えるだけで簡単、カフェ風パスタ

鮭フレーク×塩レモンパスタ

材料（1人前）

「鮭フレーク」…… 大さじ3
細めのパスタ …… 1束
コンソメ（顆粒）… 小さじ1
「KALDI塩レモンパスタ
ソース」…… 1袋
※無ければ【オリーブオイル … 大さじ2、レモン汁 … 小さじ1、ニンニク … 少々、塩・こしょう … 小さじ1】を混ぜる

作り方

1 塩（分量外）を入れたお湯でパスタを表示通りに茹で、お湯をきる。

2 味を見ながらソースとコンソメを和える。

3 鮭フレークを入れて馴染ませたら完成。

休日はちょっと手の込んだ“ご褒美ご飯”を

凝った料理を作れるのも、毎週のお休みが楽しみな理由の一つ。普段は楽しむ余裕のない朝食も、前日の夜から仕込んで贅沢なメニューに仕上げ、ゆったりと味わっています。

また、平日に比べて時間がたっぷりあるので、余った食材を使った創作料理や、凝ったトッピングのお菓子を作ることも。いろいろな調味料を試したりするうち、オリジナルレシピを思いつくことがあるのも嬉しい誤算です。

一人で食べるご飯でも、休日は頑張った自分をねぎらう〝ご褒美ご飯〟のつもりで作ると、とても幸せな気持ちになります。

ちなみに友人とのご飯会ではホットプレートが大活躍。見た目もおいしい〝写真映えメニュー〟が作れます。

休日の朝食は、平日余った材料でトーストをアレンジすることも。

海鮮の贅沢炊き込みご飯は、お出汁をかけて、二度おいしくいただきます。

aya's Cooking

見た目もおいしい料理作り

"映える"も料理の大切なポイント。
目でも楽しめるメニューは、おもてなしやプレゼントにぴったりです。

1	2
3	4

1 攪拌《かくはん》の手間がかかるポタージュは週末に。贈りものでハンディブレンダーを手に入れてから料理の幅が広がりました。

2 "映える"料理はホットプレートで。ビビンバはお焦げまで楽しめる定番メニューです。

3 トッピングが楽しいお菓子作り。冷凍保存しておけるので、おやつのストックができます。

4 休日はいろんなお茶を楽しみます。少しだけはちみつを入れるのがマイブーム。大好きなお茶をおともに映画を観る時間は、至福。

“15分”でパパッと、私のズボラ飯

一人で食べるご飯は、見栄えよりもおいしさと簡単さを重視したい……。そんな私の定番料理はお鍋。野菜もたっぷりとれるし、味を変えれば、同じ具材で何日も食べることができるのでオススメです。具材はできるだけ小さく、薄く切ってすぐ火が通るよう工夫。材料は買ったその日にすべてカットし、密封できる保存袋に入れて〝鍋セット〟として冷凍しておくと、次回からのお鍋作りがぐっと楽になります。

　また、フライパン一つでできる料理や、ご飯に具をのせるだけの簡単丼ぶりは洗い物も少なくて楽ちん。どれも所要時間は少なく、さっと15分以内で作れます。手順はとっても簡単なのにしっかりおなかを満たしてくれる、自慢のレシピたちを紹介します。

基本の鍋つゆです。
キムチやしょうがを入れて味変も！

基本のお鍋

材料（1人分）

水 …… 400cc、顆粒だし …… 大さじ2
酒 …… 大さじ1、しょうゆ …… 大さじ1
塩 …… 小さじ1、ごま油 …… 小さじ1
お好みの具材（白菜、豆腐、しめじ、豚肉、もやしなど食べやすい大きさに切る）…… 適量

作り方

1. 水と調味料をすべて鍋に入れ、火にかける。沸騰したら野菜を入れる。
2. 野菜がしんなりした後に味見して、ごま油と塩で味を調節。
3. 豆腐やお肉を入れて煮込んだら完成。

とん平焼き

食べやすい大きさに切ったキャベツともやしを、油をひいたフライパンで炒め、一旦お皿に出します。同じフライパンに、マヨネーズを混ぜた溶き卵を流し入れてある程度固めたら、キャベツともやしを卵の上に並べ、形を整えてひっくり返します。

鶏肉の照り焼き丼

鶏もも肉を一口大に切り、塩・こしょうを振って片栗粉をまぶします。油を引いたフライパンでお肉を焼き、中まで火が通ったら酒を回し入れ、最後にしょうゆと白だしを入れて絡めたら、ご飯にのせて完成。

トマトバターカレー

バターをフライパンで熱し、一口大に切った鶏肉とみじん切りした玉ねぎを炒めます。クミン、おろしニンニク、砂糖、しょうが（おろす、もしくは刻む）を入れ具材に馴染ませてから、水、トマトの缶詰、バター、カレールウを入れ煮込んで完成。

簡単親子丼

鶏もも肉は一口大に切り、玉ねぎはスライスして油で炒めます。火が通ったら白だし、しょうゆ、めんつゆ、水を加えて弱火で煮込みます。溶き卵を流し入れ、お好みの固さで火を止めたら、盛りつけを。

彼の胃袋も掴む
“じっくり”家庭料理

学生時代、家庭教師のアルバイト先で訪れていたお宅のおかずがとてもおいしくて、レシピを教えてもらいました。その日から、食べておいしいと思ったメニューは自分なりのアレンジを加えながら、レシピをノートにまとめるようにしています。

意外なことに、特別な材料を使わなくても、本格家庭料理は作れるんです。ルーを使わない手作りシチュー、なめらかすぎるポテトサラダ……これまで何度も試行錯誤を重ねてマイレシピを完成させました。ほとんど家にある調味料でOKなので、食べたいときに何度も作れます。定番メニューなのに、どこか一味違う。友人には「レシピ教えて！」、彼には「もう一度食べたい！」と言われる、我が家の〝じっくり〟家庭料理を紹介します。

家にある材料だけでおいしい。
今後、市販のルーは買いません

一から手作りシチュー

材料（3～4皿分）

玉ねぎ …… 1／2個、じゃがいも …… 中1個、
にんじん …… 1／2本、
鶏肉 …… 両手いっぱい（約200g）、
バター …… 10g、小麦粉 …… 大さじ3、
牛乳 …… 150cc、コンソメ（顆粒） …… 大さじ1、
水 …… 150cc、塩・こしょう …… 各少々

作り方

1. 鍋にバター、食べやすい大きさに切った玉ねぎ、鶏肉、にんじん、じゃがいもの順に入れ、火が通るまで炒める。
2. しんなりしたら小麦粉を入れ、具材に馴染ませる。
3. 牛乳と水を入れ、小麦粉を溶かすように混ぜ続け、コンソメと塩・こしょうを入れて煮込めば完成。

なめらかすぎる ポテトサラダ

じゃがいもをスライスし、かぶるくらいの量のお湯で茹でて、つまようじを刺して“ほろっ”と割れるくらいまで煮ます。一旦お湯を捨て、そのまま中火で残りの水気を飛ばし、ボウルに移し入れお好みの材料（ハムなど）とマヨネーズ、塩・こしょうと混ぜ合わせて完成。

失敗しない味付け卵

冷蔵庫から取り出してすぐの卵4個を、かぶるくらいのお湯で茹でます。最初の３分は卵を転がし、計6分10秒茹でてから、冷水で一気に冷やします。密封できる保存袋に殻を剥いた卵を入れて、しょうゆ、みりん、白だし（割合は３：２：2）、おろししょうが、細切りにした大葉、水を入れ、漬け込んで完成。

にんじんとごぼうの 肉巻き

にんじんとごぼうを細切りにし、水とめんつゆを入れた鍋で少し柔らかくなるまで茹でます。軽く塩・こしょうを振った薄切り豚バラ肉で、にんじんとごぼう数本をセットにして巻き、片栗粉をまぶします。油を引いたフライパンに並べて焼き、火が通ったら酒、しょうゆを絡めて完成。

だし香る卵焼き

だしをとります（インスタントを使ってもOK。オススメは「茅乃舎だし」：P.83参照）。卵をよく溶き、だし、しょうゆ、みりんを混ぜます。油をたっぷり引いたフライパンに、卵液を３回に分けて流し入れ、中火で巻いて完成。

自炊を後押ししてくれる マイキッチングッズ

キッチン周りはなるべくおしゃれで機能的なグッズで揃えるようにしています。食器集めは私の趣味の一つ。いくらでも増えてしまいそうなので、〝一つ買ったら一つ捨てる〟〝同じ色や形のものは2つまで〟とマイルールを決めています。割れてしまうと悲しいので、〝高い食器は買わない〟のもモットー。我が家の食器はほとんどが1000~3000円です。

調理道具も見た目と機能性、どちらも同じくらい重視。よく使うものだから、実際に使った方の口コミやレビューを必ず読んでから買うようにしています。統一感を持たせるために、同じ色や形の物を揃えるのがオススメ。毎日キッチンに立つのが楽しくなる工夫です。

お皿はカラフルなものを選んでいます。毎日、気分に合わせて組み合わせを考えるのも楽しみの一つです。

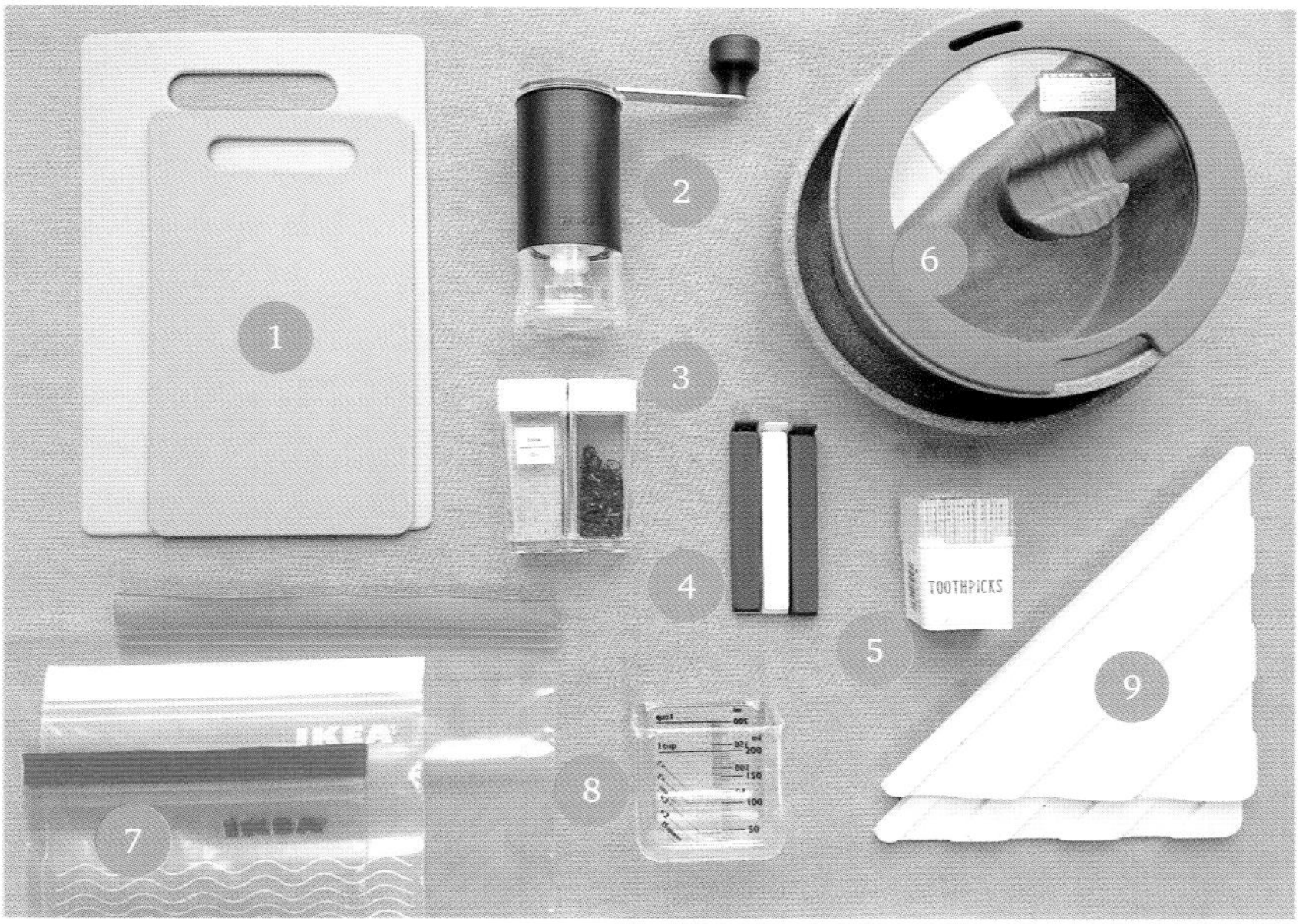

1 キッチングッズも好きな色で

ソストレーネグレーネのまな板は好きな色で揃えています。大小2種類あるので、材料に合わせて使い分け。

2 お茶好きにはたまらない

茶葉を自分で挽くことができるKEYUCAのお茶ミル。好きなフレーバーの茶葉はお菓子作りにも大活躍。

3 並べるとよりおしゃれ

山崎実業の調味料入れ。スライド式で口が2種類あるので、必要な分だけ取り出せます。同じサイズで揃えるとおしゃれ。

4 一人暮らしには欠かせない

袋を閉じるクリップはIKEAのもの。一人暮らしでは食品を一袋使いきることが少ないので、保存用グッズは必須。

5 100円ショップではシンプルなアイテムを

セリアで見つけたつまようじ。100円ショップでは、なるべく見た目がシンプルなものを発掘して購入しています。

6 見た目よし、コスパよし、機能よし

重ねてコンパクトに収納できるカインズホームのフライパンセット。見た目も値段も機能性もよい優れもの。

7 ズボラレシピに重宝

IKEAの密封保存袋はストックを買うほど愛用してます。漬ける・混ぜるができるので、ズボラな私には嬉しい。

8 スタイリッシュさに一目惚れ

KEYUCAの四角い計量カップは傾けて大さじが図れる優秀さ。目盛りのロゴや色がおしゃれで一目惚れしました。

9 食器を乾かす珪藻土マット

速乾性のあるKEYUCAの珪藻土マット。小さいから洗い物を溜める癖が直りました。すぐ乾くのですぐ片付けられるんです。

リピート買いしている大好き食材7選

業務用スーパーや輸入食品のお店は知られざる名品揃い。ふらっと立ち寄ったつもりが、素敵な食材に出会って思わぬ買い物をしてしまうこともしばしば……。ここでは、私が何度もリピート買いしている食材をご紹介。いつものご飯のレベルをぐっと底上げしてくれる、オススメなものばかりです。

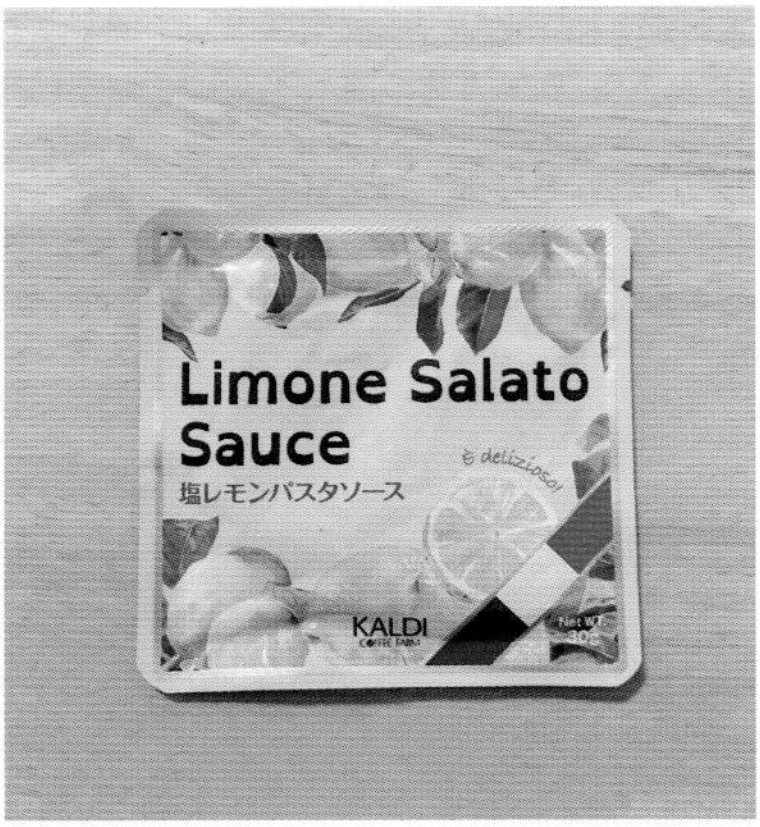

レモンの香り豊かなパスタソース

KALDIの塩レモンパスタソースは、冷製パスタにも合う、さっぱりした風味。ほんのり香るガーリックの風味が食欲をそそります。一食分なので、一人暮らしのご飯には最適。

贅沢なごろごろ果実がうれしい

大ぶりな瓶が目を引く、KALDIのラ・フランスとはちみつのジャム。ごろごろ果実がたっぷりと入っており、普通のジャムでは味わえない贅沢なトーストを、朝から楽しむことができます。

お店のようなカフェオレを楽しめる

KALDIのカフェオレベース。牛乳と混ぜるだけでカフェのようなカフェオレができます。キャップがついているので少しずつ飲めるのも嬉しい。コーヒーが苦手な私でも大好きな味です。

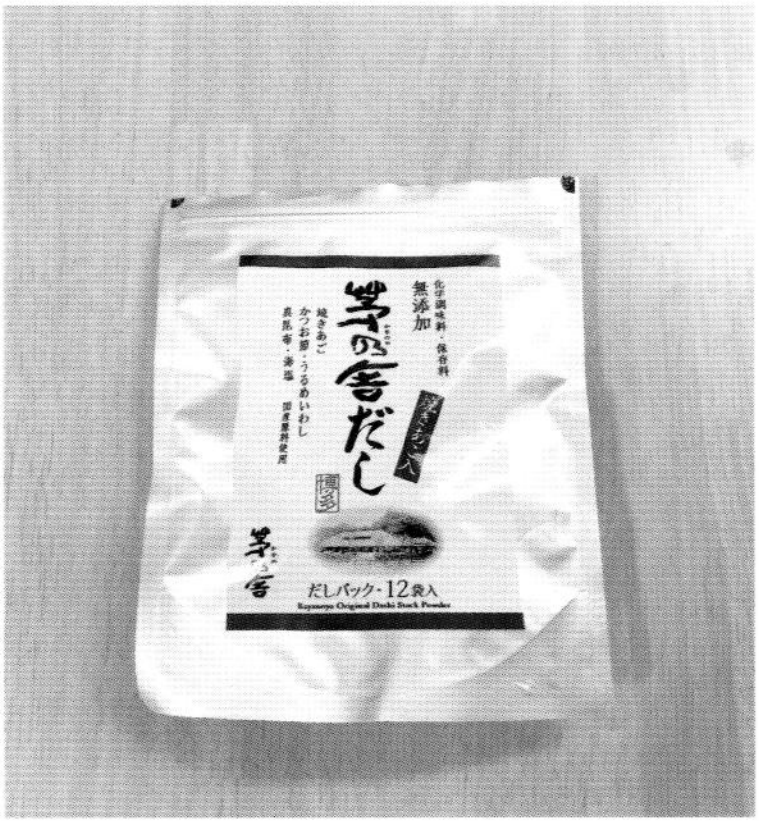

料亭の味になる、おだし

知る人ぞ知る茅乃舎だしは、ある程度、料理を覚えてきたらぜひ使ってほしい一品。炊き込みご飯、だし巻き卵……専用アプリから、様々なレシピを調べて実践することができます。

ひとさじで本格中華

KALDIの麻辣醤は、中華料理や辛いもの好きな人にオススメ。小さじ1杯で本場の味に早変わりします。卵かけご飯にひとさじ入れると、やみつきになるおいしさに。

大容量がうれしい業務用

大容量(820g)でも迷わず購入する、パルメザンチーズ入りバジルソース。密封できる保存袋に小分けしてストックしています。パスタ、サンドイッチにかけるとたちまちカフェの味に。

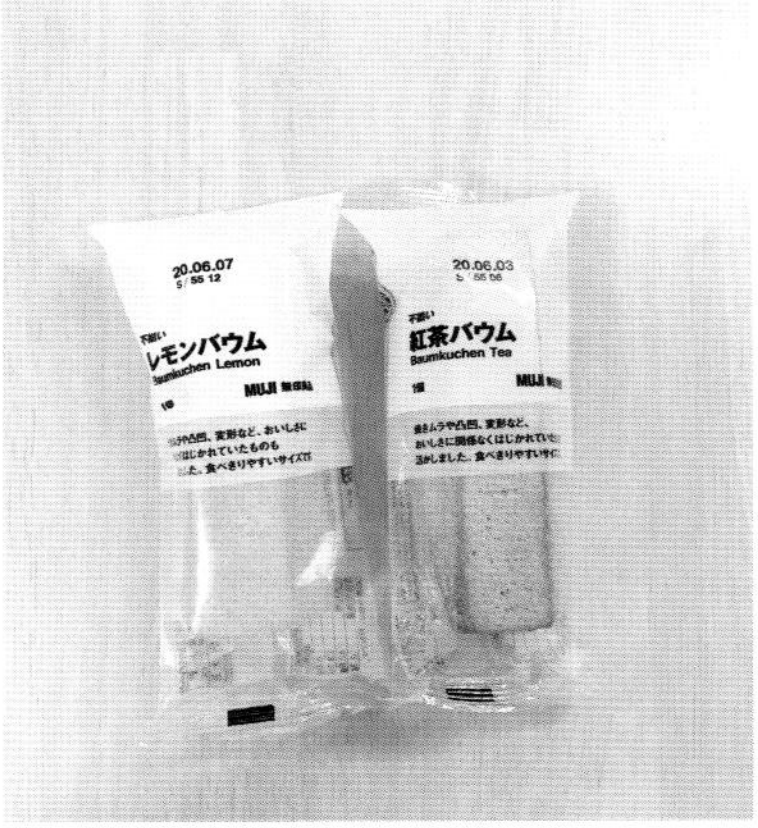

小腹が空いたときの強い味方

無印良品の不揃いバウムは種類豊富で、季節ごとの新商品も魅力的。ボリュームがあるので、1本食べきれないときは少しだけカットし、ラスクのような形にしていただきます。

Column 4

私の日常あるある

～一人暮らし編～

できれば他の住民に会いたくない

出かけようとしてドアノブに手をかけた瞬間、玄関の外で話し声が聞こえたら立ち止まって息をひそめます。早く過ぎ去って、と願いながら……(笑)。この時間、何……？

どのサイズを買えばいいか分からない

ゴミ袋の容量や卵の個数、野菜のパックなど、一人暮らしの量って選ぶのが難しいですよね。大は小を兼ねる、でいいのかな……。

鍵かけたっけ……？と不安になりがち

エアコン消したかな？ 鍵かけたっけ？ と不安になる日がたまにあります。そして気づかない日ほどやらかしている、という不思議。

名前のつけられないご飯を食べる

野菜と肉を何かで炒めたもの、パスタに残りものと調味料をかけたもの……。一人だと、名もなき料理ばかり食べてしまいませんか？

Chapter 5

気分を上げる美容とファッション

一軍コスメで ワクワクするメイク時間

学生時代は手頃なコスメをなんとなく買い、部屋の隅で放置……ということもありましたが、社会人になってからは、自分なりの一軍アイテムだけを揃えるようにしました。そうするとメイクが楽しいですし、使っていないのに持っている、ということもなくなります。割合は、使ってよかったプチプラコスメと、自分に合っていたデパートコスメが半々ほどです。毎日使うコスメは、コンパクトなボックスにまとめて入れておくと楽。なくしがちなリップクリームは必ずポーチにしまうのを習慣にしています。営業職の私は、いつ外出してもいいよう、日焼け止め成分入りのコスメがマスト。夕方までヨレにくいものを、日々探しています。

一軍コスメだけにすることで、毎日のメイクの質が上がりました。使うものが決まっているので、朝のメイク時間は約 15 分に。

aya's Beauty

働く私のコスメ事情

朝きちんと化粧をしてもすぐ崩れたら意味がない……。
夕方まで綺麗でいられる、働く女性にオススメのコスメを紹介します。

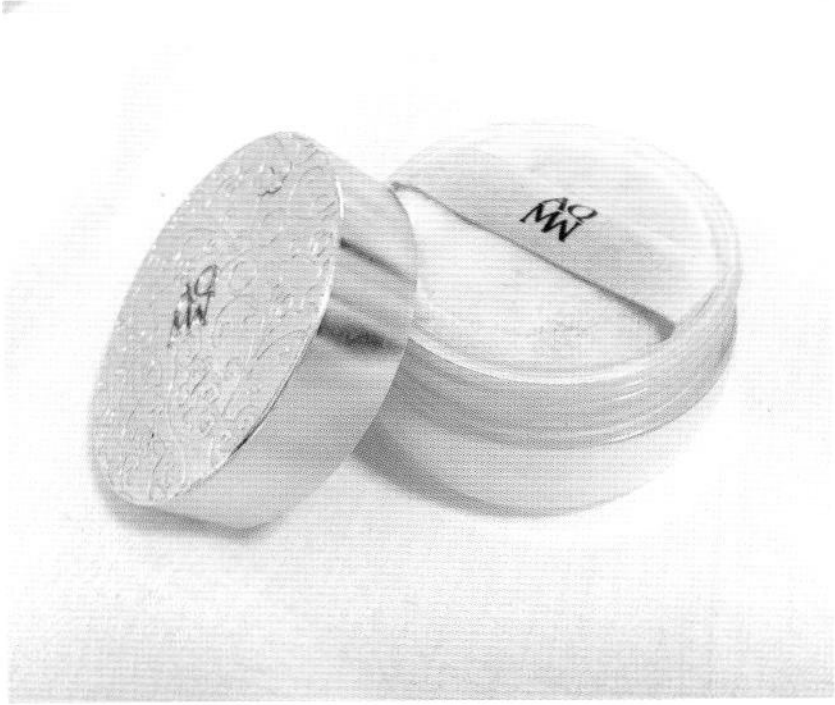

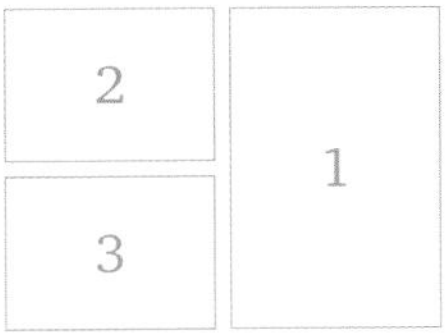

1 コスメはポーチ2つに分けて収納。朝のメイクを済ませたら、持ち運び用ポーチだけをバッグにINして出かけます。

2 カネボウ「フレッシュデイクリーム」は、化粧下地として使っています。ファンデーションの下でパックをしているようなモチ肌に。

3 コスメデコルテの「フェイスパウダー」。大容量なので長く愛用しています。ファンデーションのもちをキープするための必需品です。

大人女子流
メイクテク

私のメイクルールは①笑顔を意識して化粧をする、②リップとチークは同系色で揃える、③自然光の元で最終チェックをする、の3つ。

笑顔が素敵な女性は好印象。ぱっと明るい雰囲気に仕上げるためにも、笑顔を意識してメイクをしています。ニコッとしたとき、頬が盛り上がった高い位置にチークを入れます。

また、リップとチークの色が異なると片方が浮いて見えることがあるので、色味を揃えると自然な印象に。チークはほんのり色がわかる程度に留めます。

最後は自然光の元でチェック。部屋の中で化粧をすると、無意識に濃くしてしまうことも……。外に出たらイメージと違った、とならないよう、必ず窓際で最終確認をします。

毎日使うミラーやポーチも、とびきりお気に入りのものを。

リップは色やテクスチャの異なるものを気分で使い分けています。

Chapter
5

上手にお化粧ができた日は、気分も高まります。特に、初めましてのお客様と商談する日は、第一印象が大切。常に笑顔を心がけて、爽やかで明るい印象を与えられますように。

手間いらずで美肌になれる時短スキンケア

ズボラな私は、オールインワンジェルや塗って寝るだけのパックでスキンケアを簡単に済ませています。洗顔もワンプッシュで〝もっちり泡〟が出てくるタイプを愛用。泡立てる手間がなく、肌にも優しいので一石二鳥です。

さらに洗い物をしながらのパック、友人とメールをしながらのマッサージなどの〝ながらスキンケア〟で、美容も時短を意識しています。

学生の頃は何もしなくても綺麗な肌を保てていましたが、20代後半になり、ケアをサボった翌朝は化粧ノリが悪くなるように。スキンケアの大切さをひしひしと感じ、丁寧に向き合うようになりました。口コミを調べつつ、肌に優しく、手間のかからないアイテムを購入しています。

日々のスキンケアタイムは、自分の肌の状態を知る大事な時間。

aya's Beauty

簡単、でもしっかりケア

夜に疲れて帰ってきても、朝が弱くても、ケアが億劫にならない……
そんな“時短×しっかり”ケアが叶う、一押し商品を紹介します。

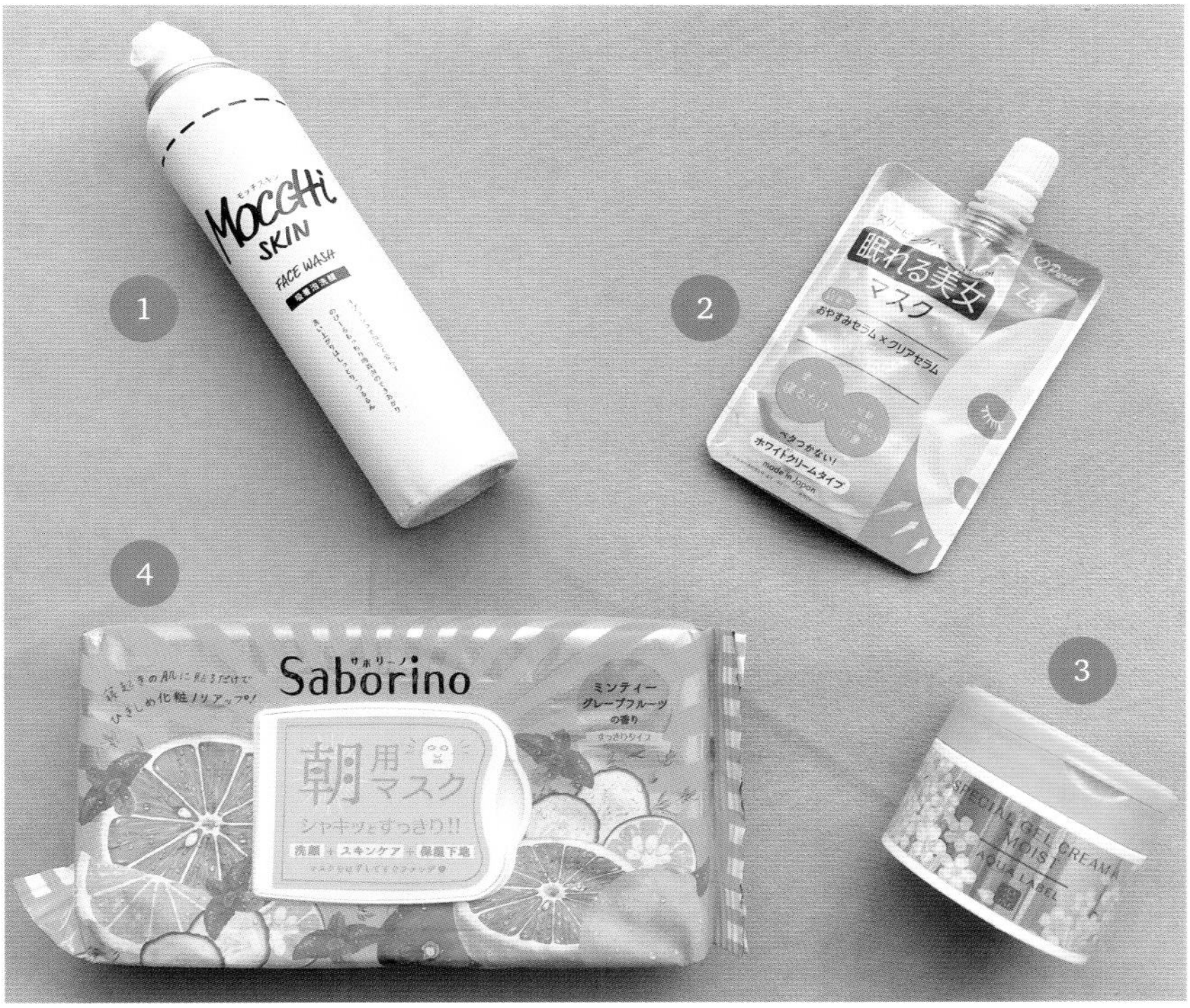

1. もっちり泡でスピーディに洗顔できるモッチスキンの「吸着泡洗顔」。ワンプッシュで弾力のある泡が出てきます。

2. 就寝時のパックはピュレア「眠れる美女マスク」。塗った後の“赤ちゃん肌”はずっと触っていられるほど。コスパもいい!

3. 「オールインワンジェルクリーム」（資生堂アクアレーベル）はほのかな桜の香り。これ一つに化粧水、乳液、クリーム、マスク、美容液の役割が。

4. 大人気の「サボリーノ 朝用マスク」を使っています。程よいメントールでしゃきっと目が覚め、気分爽快。

丁寧なボディケアで肌も心も潤う

翌日にわくわくする予定がある日の前の夜は、しっかりとボディケアをすることにしています。お風呂タイムにスクラブを使うと、肌がしっとりするので2種類ほどストック。リラックスタイムにぴったりの、心が満たされる香りのものを選んでいます。普段用とは別に、ちょっと高めのボディソープを使うことも。

乾燥肌の私がケア用品を選ぶ基準は〝保湿力が持続するもの〟。肌に使うものは人によって感じ方が違うので、実際にお店に行って試してから購入するようにしています。乾燥しがちな指先や膝も、定期的なケアでしっとりすべすべになってきました。

年齢を重ねるにつれ、自分の肌に合うものも変わります。その時々の肌状態に合うものを揃えたいですね。

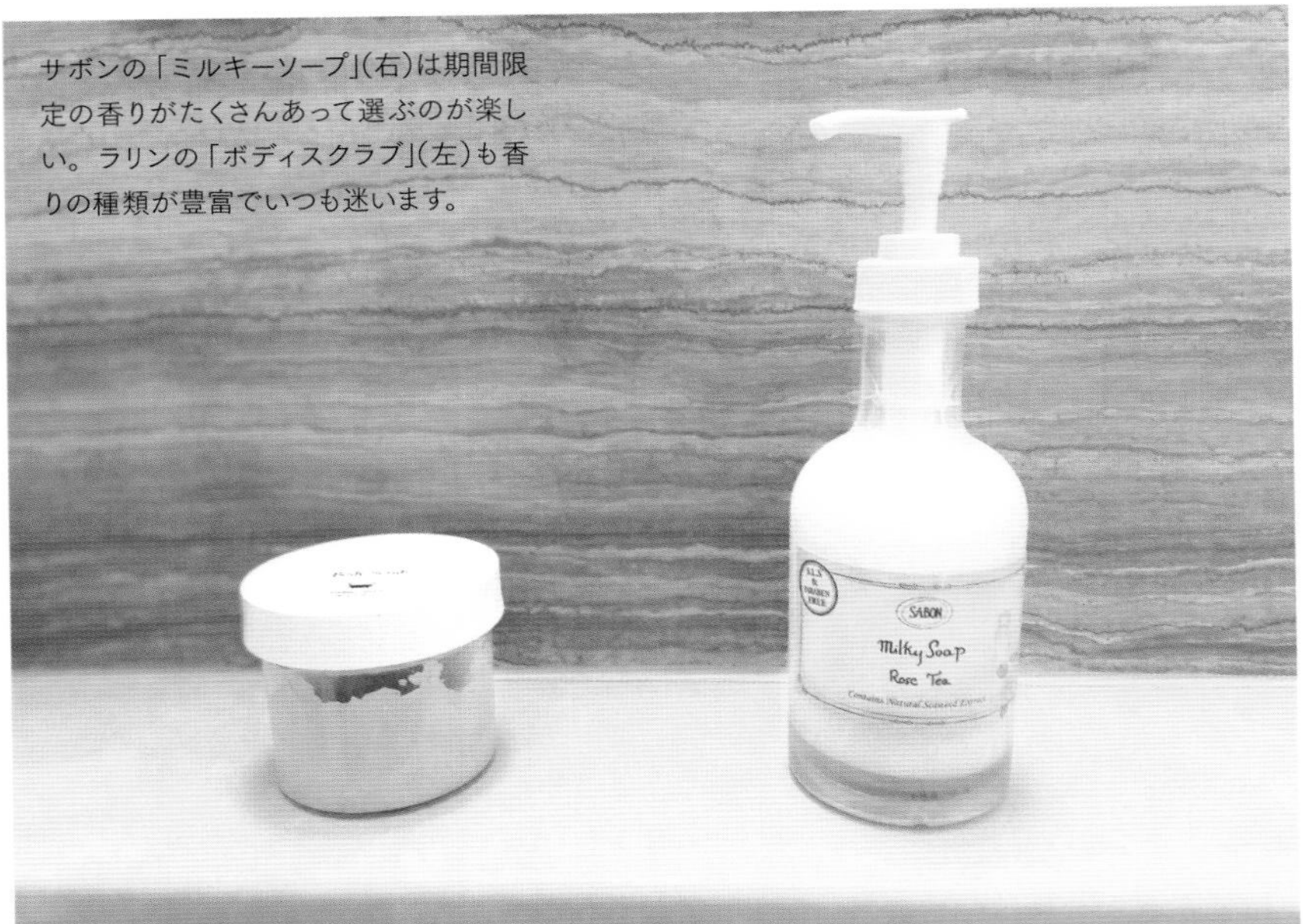

サボンの「ミルキーソープ」(右)は期間限定の香りがたくさんあって選ぶのが楽しい。ラリンの「ボディスクラブ」(左)も香りの種類が豊富でいつも迷います。

楽ちんにできる ツヤ髪のレシピ

1	2
3	4

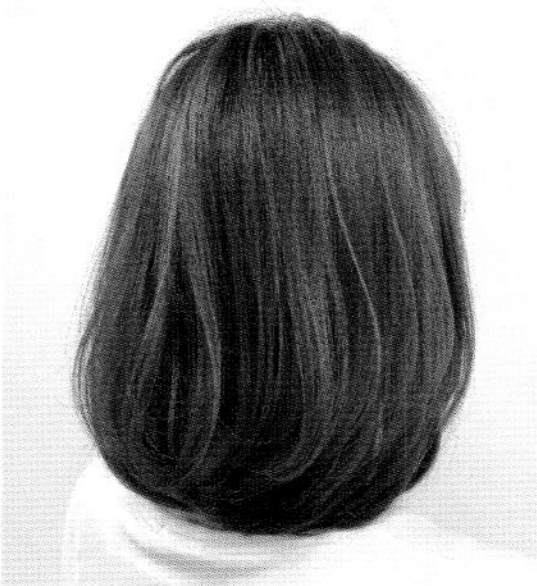

1 2 髪は最も目を引く部分。ツヤがあるのとないのとでは、与える印象も大違いです。日々、自然光の下でツヤ感をチェック。

3 ドライヤーの前にはミルボンのヘアオイルをつけます。しっかり保湿できてツヤも生まれるので、旅行にも必須です。

4 ヘアセットの最後は、美容師さんに勧められて購入したN.（エヌドット）の「スタイリングセラム」で仕上げ。ナチュラルな束感を自分で作れます。

髪が綺麗な女性に憧れて、ヘアケアには毎日、時間をかけるようにしています。シャンプーはいくつか試して指通りがいいものを購入。シャンプーは店頭で試せないので、1回分のサンプルを購入していくつか試してみるのがオススメです。お風呂上がりはヘアオイルで潤いを補給。1分ほどドライヤーで髪を暖めた後に、手のひらを使ってオイルを髪に浸透させ、仕上げのブローをします。

外出前のヘアセット時は、ヘアアイロンをさっと通してゆるく髪を巻いています。毛先は傷みやすいので、熱を当てすぎないよう、できるだけ短い時間で手早く。巻いた後はパサつきを抑えるために、セラムやワックスで仕上げます。最近は少し束感を出すのがマイブーム。

香り美人は5秒で作れる

癒しの香りアイテムは、平日と休日で使い分けるようにしています。自分ではつけすぎに気づきにくいので、香水は専《もっぱ》ら休日用。ロールオンタイプのものを足首に少しだけ仕込みます。ふとした瞬間にふわっと香る程度なので、強い匂いがあまり好きではない私に合っています。

平日に愛用しているのは衣類・お部屋用スプレーとヘアスプレー。衣類・お部屋用スプレーはその日の気分で数種類の中から選びます。爽やかな気分の朝は、ムスクジャスミンの香りをお部屋にひと吹き。

出勤前にワンプッシュするのが日課のヘアスプレーは、フルーティーな香りがとても好み。出先でも女性らしい香りに包まれるので、気持ちが安らぎます。

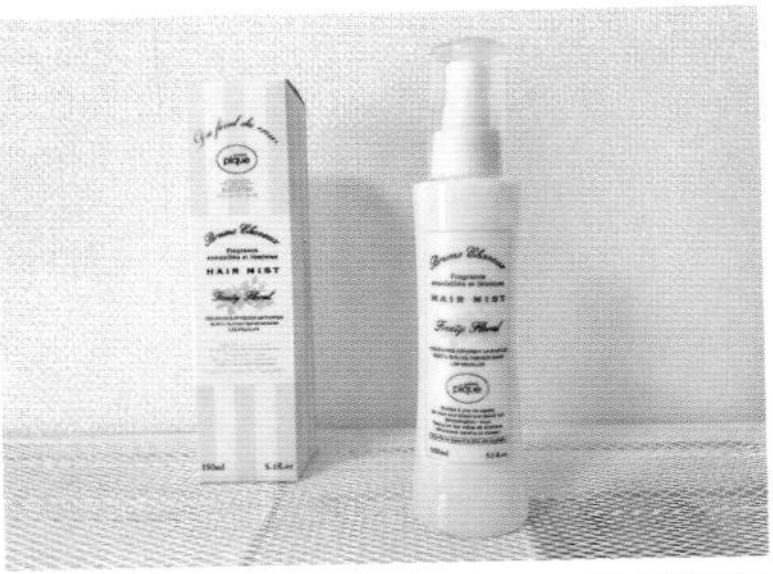

一番褒められ率が高いジェラート ピケのヘアスプレーは、香りが夕方まで持続するので、働く女性にピッタリ。近づくと少し香る程度に留めて。

毎朝家を出る前に、クローゼット内やクッションにワンプッシュしておくと「お部屋がいい匂い」と褒められます。ジルスチュアートのファブリックフレグランス（中央）は友人たちも虜《とりこ》になり、3人購入（笑）。

Chapter
5

大人可愛いを叶える主役アクセサリー

1

2

1 収納には無印良品のベロアの仕切りケースを使っています。大切なアクセサリーを傷つけることなく、丁寧に収納できます。

2 ハンドメイドアクセサリーはよそいき用に購入しています。素敵な作家さんの思いが詰まっていて、私も愛着が湧くんです。

アクセサリーの収納には仕切りつきケースが便利。帰宅したらすぐに決められた場所に戻します。イヤリングは必ずセットでしまうようにしているので、片方をなくしてしまった……ということもありません。

ケース内はお気に入り順に並べていて、新しいものがほしくなったら優先度の低いものから処分。こうすると、アクセサリーが際限なく増えていくのを防げます。

20代後半になり、アクセサリーは華奢なデザインのものを好むようになりました。素敵だなと思って手にとるのはハンドメイドのものが多く、友人へのプレゼントにも重宝しています。１００円ショップにも可愛いデザインのアクセサリーがたくさんあって、普段使いにピッタリです。

セルフネイルで垢抜けた指先に

セルフネイルの魅力は、好きなデザインで手軽に気分転換できるところ。１００円ショップでほとんどのグッズが揃うので、お金をかけずにトライできます。

私は平日はシンプルに単色ネイル、休日はカラフルな柄ネイル、とデザインを変えて楽しんでいます。ムラなく仕上げるために、乾かす時間をしっかりとって丁寧に二〜三度、重ね塗り。ベースコートとトップコートも省きません。指を細く見せてくれるので、爪の色に近いピンクやベージュ、ブラウンをヘビロテしています。マイブームは1本の指だけを違う色にしてアクセントをつけること。ラインシールやストーンシールを使えば、ジェルネイルにも負けないおしゃれデザインが実現します。

オンの手元

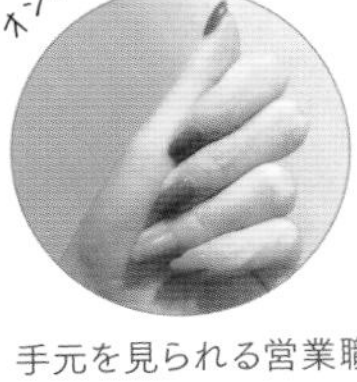

手元を見られる営業職だから、爪まで気を配りたい。資料説明するときの手に自信が持てます。

オフの手元

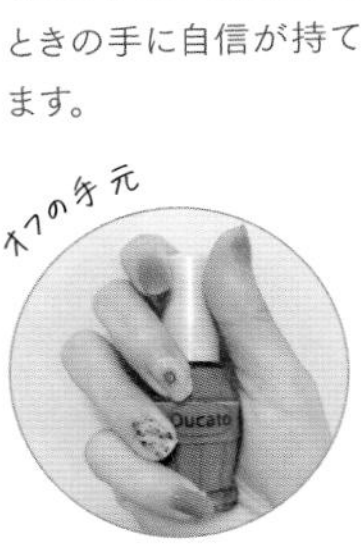

平日にできないデザインのネイルを楽しみます。シールやストーンはプチプラで揃えたもの。

1000円前後のネイル用品を使うことが多いです。なるべく同じ色が被らないようにしています。集めすぎにはご注意……。

Chapter
5

いつも一緒だから腕時計にはこだわりたい

日によって気分を変えたいので、バンドの幅や文字盤の大きさが異なるものを揃えています。スマートウォッチは一つあると便利。

時計に華奢なブレスレットを合わせるとおしゃれ上級者に。時計とブレスレットのゴールドの色味を揃えるのがポイント。

腕時計は会社員のマストアイテム。また、おしゃれの一部として個性を出すのにも役立ちます。職場で「時計変えたよね？」「どこのブランドの時計なの？」と聞かれるほど、何気ない瞬間、目につきやすいものなんです。

　派手な色やデザインは避けた方が無難ですが、自分らしさを演出できるようなものを選ぶとグッド。毎日眺めたくなるようなお気に入りの時計を揃えると、気分も上がります。

　職場でもおしゃれをしたい私は、スマートウォッチの文字盤をカスタマイズして楽しんでいます。通勤中は爽やかなホワイトの文字盤、勤務中は落ち着いたネイビー、アフター5はピンクの花柄など、一つの時計で複数のフェイスを楽しめます。

働く女子のオフィス＆休日ファッション

いつ外出や来客の予定が入るかわからない営業職の私は、ジャケットを合わせることを前提とした〝綺麗めコーデ〟をするのが鉄則。急なアポでもサッと羽織れば瞬時に対応できます。ジャケットは異なる柄や素材のもの3枚を着回ししています。なかでも他の人と差がつく柄物のジャケットは、一番のお気に入り。

　また、足元で人となりを判断されることもあると聞いたので、靴にも配慮しています。特にお客様の前では、足が綺麗に見える5〜7㎝ヒールを履き、アポ前には靴の汚れをチェックすることを徹底。勤務中ずっとハイヒールで過ごすのはムリがあるので、社内用に1足、ペタンコのパンプスを忍ばせています。

前日の夜にある程度コーデを決めておくと、朝がとっても楽ちん。自転車通勤の日はラフなスニーカーで出勤し、会社に着いてからこっそりパンプスに履き替えます。

aya's Fashion

動きやすいものを選ぶべし

ジャケットは3枚あれば十分、着回せます。服や靴を選ぶポイントは"動きやすい"こと。デザインはよくても、窮屈だと辛くなってしまいます。

1

コンパクトな一枚

商談や出張の帰りに、小さく畳んでバッグにしまえる薄手のジャケットは買ってよかったNo.1。通気性がよく夏にもピッタリ。

2

差がつく柄物

ちょっぴり差がつく、爽やかなストライプのもの。パンツをネイビーや黒にすると、よりこなれ感が出ます。

3

万能のシンプルさ

シンプルジャケットはボタンやステッチにこだわったお気に入りの1枚を。何にでも合うので、迷ったときに頼れます。

1
2
3
MISCH MASCH
natural beauty basic
UNIQLO

疲れないヒールの選び方

仕事中に走ることや立ちっぱなしのときもあります。購入時には必ず歩いて試す、クッション性のあるものを選ぶなど工夫して。ヒールは足が綺麗に見える7cmがオススメ。

“着回し力”が おしゃれのカギ

あなたは平日と休日の服を分ける派？　分けない派？　私は断然、分ける派です。洋服が増えるデメリットはありますが、気持ちにメリハリがつくんです。平日は襟をぴしっと正したくなるオフィススタイル、休日はデニムにスニーカーなど、オン／オフでガラッと雰囲気を変えています。

　コーディネートを考えるときには自分の体型や肌の色を考慮。低身長の私は、ロングスカートを履くとダボっとした印象を与えてしまうので、ウエストが締まってみえるデザインのものや、ワンピースならウエストマークできるものを選ぶなど工夫しています。また、全身のトータルバランスを考えて、柄物はコーデの中に1点まで、というマイルールも。

ブラウス×スカートはオフィスカジュアルの王道。アレンジ力も抜群。

デニムには上品なニットを合わせて、カジュアルになりすぎないように。

aya's Fashion

お仕事コーデは着回しが命

“少ない洋服でうまく着回している人”を目指して洋服を購入しています。基本のパターンを押さえれば、誰でも着こなし上手に。

基本のオフィスカジュアル

間違いのない王道コーデ

薄手のニット×パンツスタイルは基本。さらっとジャケットを羽織れば、外出にも対応できます。

基本の綺麗めスタイル

Aラインを意識する

ウエストが細く見えるベルトつきスカートは買って大正解。どんなブラウスと合わせても綺麗めにまとまります。

かっちり商談の日

ジャケットをメインに

ジャケットありきでコーデを考える日も。ジャケットとパンツを同系色で合わせると、一気にデキる女性っぽく。

柄物投入で印象チェンジ

上品な花柄で可憐に

大きめな柄でも、シックなものを選べば大人っぽく決まります。いつもと違う可憐な印象を与えられるかも。

楽ちんワンピコーデ

カジュアルすぎないワンピ選び

シャツワンピースはカジュアルすぎないのでオフィスにもオススメです。1枚でコーデが完成する手軽さが嬉しい。

Column 5

私の日常あるある

～お仕事編～

朝の１時間は一瞬で過ぎる

特に午前中って、時間が一瞬で過ぎる気がします。「えっもう10時⁉　９時どこいった⁉」と焦る日も少なくありません。

金曜日のわくわく感と……

金曜日は土日が楽しみでウキウキします。ただ、日曜の夕方はずーんと気持ちが憂うつになりがち。あぁ、会社行きたくない……（笑）。

服はたくさんあるのに着る服はない

クローゼットにたくさん服はあるのに、着ていきたい服が見つからないときがあるんです。断捨離のサインなのかもしれません。

会社の文房具、持って帰りがち

故意に持って帰っているわけではないんです（笑）。なのになぜか、鞄の中に付箋やボールペンが入り込んでいることが多いんですよね。

Chapter 6

ゆる〜い
節約で
充実ライフ

ムリなくゆる〜い節約ライフを送っています

実は以前は、収入のほとんどを使ってしまうほどの浪費家だった私。「このままではまずい……」と節約の第一歩として始めたのが、〝月々の収支を把握すること〟でした。毎月の給与に対する固定費と変動費の内訳を細かく書き出し、自分のお金の使い方がわかったら、節約しやすい分野に集中的に取り組みます。私はペットボトルのお茶を買わない・冷暖房の設定温度を緩めにするなど努力する一方、友人へのプレゼントや生活が楽しくなるグッズには出費を惜しまないようしています。こんなふうに、節約するところとお金をかけるところを明確に線引きし、メリハリのあるお金の使い方を心がけると、ストレスのない節約ライフを送れますよ。

飽き性なので、紙の家計簿はつけていません。数日に一回アプリで残高を確認するなど、手間のかからないスマホ管理が性に合っています。

いくら使っているか把握する

まずは月の収支を把握することから。忘れ物をした日の思わぬ出費やATMの手数料、ペットボトルのお茶を購入した費用は“うっかり出費”や“残念費”として一番に節約するよう心がけました。

ある月の使ったお金 / 入ったお金

使ったお金		入ったお金	
家賃	65,000円	給与	197,000円
携帯	7,000円	メルカリ	10,000円
光熱	6,000円	ポイント	1,200円
洋服	20,000円		
食費	20,000円		
交際費	40,000円		
交通費	5,000円		
その他	30,000円		
合計	193,000円	合計	208,200円

入ったお金に対し、
出て行くお金が
多すぎた……!

節約を決意!

私のお金管理方法

ただがむしゃらに節約をはじめるのではなく、まずはルール設定を。「貯金用口座には手を出さない」「大きな買い物はなるべくセール時期にまとめる」など、手をつけやすいところから。

ポイントは3つ!

1. お金を使うところ、削るところをしっかり分ける
2. 給与は支払用・貯金用と2つの口座に分けるべし
3. 収入はボーナス、支出はセールの時期を把握し、年間計画を

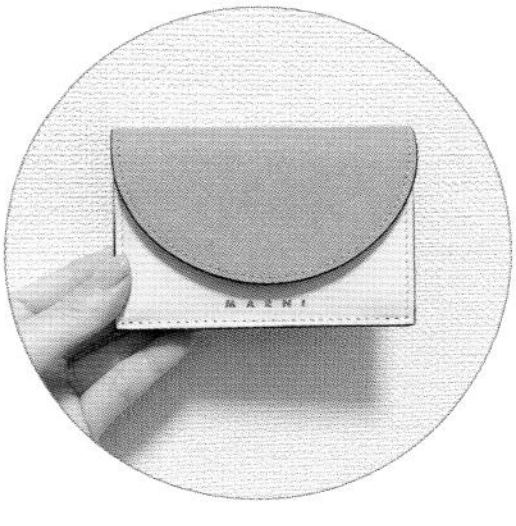

疲れてしまう節約は
キンモツです。
楽しく暮らせる範囲で。

支出を抑えるには減らしやすい食費から

節約を語る上で外せないのが〝ふるさと納税〟。お得なのはわかるけど、なんだか難しそう……となかなか踏み出せずにいましたが、社会人2年目からは毎年欠かさず申し込んでいます。仕組みはとても簡単で、ネットショッピングと同じ要領。特産品などを購入すると、次年度の住民税がその金額に応じて控除されるというものです。購入時は一時的な出費になりますが、次年度1年間をかけて、その分が自分に還元されます。

　お礼の品の種類は豊富。私のお気に入りはお米、小分けのお肉、タオルです。一人暮らしに嬉しい毎月の〝定期便〟もあります。お礼品をもらえるうえに税金を控除できる〝ふるさと納税〟、お得なことずくめです。

我が家のお米は秋田県のふるさと納税のお礼品、「あきたこまち」。おいしいお米が家に届くので、重い買い物も必要なくて一石二鳥です。

“ミニサイズ”は100円ショップでリピート買い。

すぐに食べられない分は小分けして冷凍庫へ。このひと手間が家計を助けます。

スーパーで売っている野菜はファミリー用の量のものが多く、一人暮らしだと余らせてしまうこともありますよね。働いていると毎日自炊するのは難しく、なかなか使い切れないまま賞味期限が過ぎてしまいます。

そこで私は数ヶ月に一度、同じく一人暮らしの友人たちと一緒にコストコや業務用スーパーに行き、購入品をシェアすることにしました。こうすると一人暮らしに必要な分だけ入手できるうえ、一個あたりの単価も安くて経済的。冷凍保存ができる食品を選べば、数週間ぶんのストックができるのも助かっています。

また、100円ショップや100円ローソンには一人暮らしサイズの食品がたくさん揃っているので、こちらもよく利用しています。

手軽な家計簿やポイント・クーポンを活用

家計簿を毎日手書きするのは継続が難しいので、ズボラな私はスマホの家計簿アプリで管理をしています。スマホさえあれば出先でも確認でき、少額の出費も精算後すぐに入力可能。口座や電子マネーと連携させておけば自動で反映されるので、自分で入力するのは現金で支払った分だけと、とても手軽です。

ネットショッピングでの買い物では、購入時のポイント付与や割引クーポンの使用などでこまめに節約。より多くのポイントをゲットするため、スマホ決済やクレジットカードは楽天で統一しています。

そして店舗での買い物前には、クーポンアプリをチェック。ドラッグストアの10%オフクーポンは、何度もリピートして使っています。

衝動買いを防ぐため、深夜のネットショッピングは避けています。本当に欲しいものかどうか吟味する時間を設けて、日中に判断を。

aya's Money

スマホ一つで家計管理

家計簿と決済はスマホにまとめています。「うっかりレシートを捨ててしまって家計簿をつけられない……」とは、おさらば。

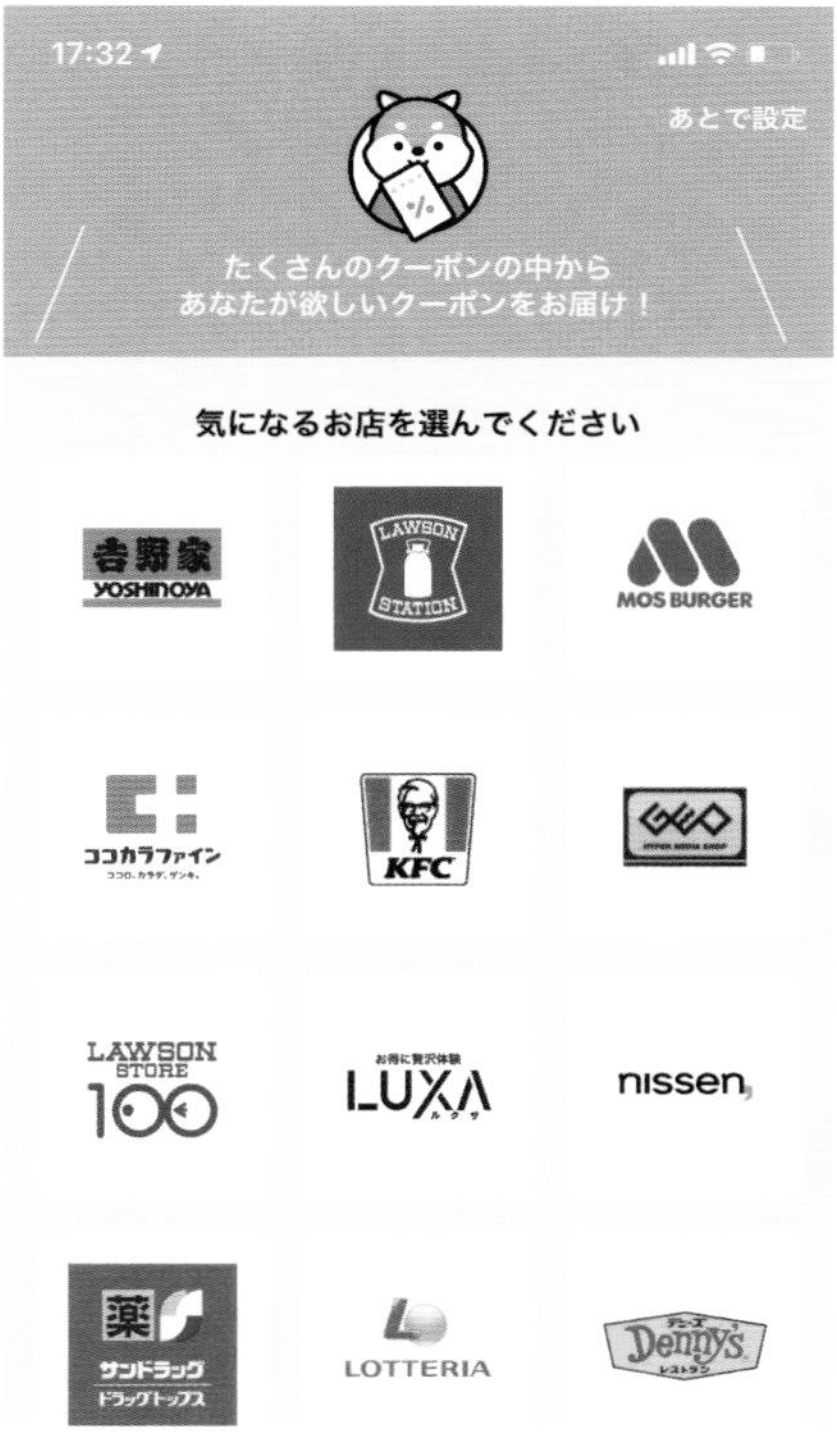

1	2

1 家計簿アプリは“Money Forward”を使っています。銀行口座や電子マネー、ポイントをまとめて自動で家計簿化してくれる優秀なアプリです。

2 買い物前には“オトクル”でクーポンをゲット。多くのドラッグストアのクーポンが発行できるので、日用品の買い物には必須。

すっかり キャッシュレス派に

最近、買い物は主にキャッシュレスで行っています。スピーディに会計できますし、現金をたくさん持ち歩かなくて済むのも楽。ポイントを貯めることもできるなど、たくさんのメリットがあります。

　クレジットカードは使いすぎが心配……という方には、デビットカードをオススメします。支払い期日が少し先のクレジットカードと違い、その場で口座から引き落とされるので、後先考えずに使ってしまうということを防げます。また、スマホで支払いができるスマホ決済も便利。

　キャッシュレスを活用すれば、現金の持ち合わせがなく、時間外にATMで慌てて引き出して手数料をとられる……という小さな出費もなくなるので、節約につながりますよ。

キャッシュレス派になってから、ミニ財布を持ち歩くことが多くなりました。身軽で楽チンなスタイルが叶います。

aya's Money

自分らしくお金と向き合う

ズボラな私は、知らない間にポイントが貯まっているのが
とっても嬉しい。スマホ一つで貯めて使える、この生活が好き。

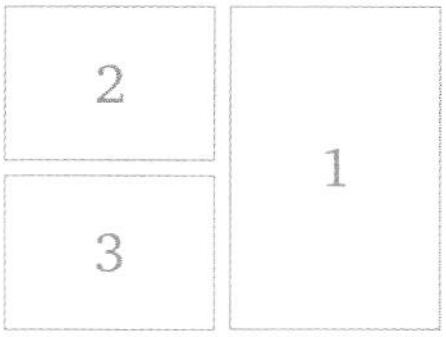

1 楽天カードのアプリはカードの使用内訳をグラフ化できる機能つき。カード支払いの中身まで毎月しっかり振り返れます。

2 貯めた楽天ポイントで購入した時計。欲しいものを実質無料でゲットできるのは嬉しい。ポイントはアプリで運用もできるんです。

3 節約のためにフリマアプリで新品を購入することもあります。特に靴は、サイズが合わなかったという理由で出品が多いので狙い目。

ネット・アプリでお小遣い稼ぎ

収入を増やすため、私は①フリマサイト、②ポイントアプリを活用しています。

〝メルカリ〟などのフリマサイトでは、もう着なくなったブランドの服や読み終わった本・参考書などを可能な限り出品しています。「こんなものが売れるの？」という驚きの品物に買い手がつくこともあります。粗大ごみに出すと回収費用がかかる大型家具を手放すときも、フリマサイトを活用。「捨てるくらいなら売る」の精神です。

ポイントアプリでは、アンケートモニターでコツコツお小遣い稼ぎ。気が向いたときに自分のペースでできるものをチョイスしています。受け取れるお金は少額ですが、ムリなくできるところが最大の魅力です。

出品する商品の画像はなるべく加工せず、そのままの色味で載せるようにしています。質問されやすい洗濯表示タグまでしっかりと撮影を。

フリマサイトの攻略法

すぐ売れる商品ページには理由があるもの。私が“売れる投稿”のためにフリマサイトで心がけていることを紹介します。

1 市場価格もリサーチ

出品前にはサイト内の同じ商品の最安値を調べ、同水準に合わせます。同価格でこちらの方が好条件なら、即決してもらえるかも。

2 商品名は正式名称を

商品名はインターネットで調べて正確に明記しましょう。本当にその商品が欲しい人ほど、正式名称で検索をかけることが多いです。

3 イメージをわかせる

“羽織にもシャツにもなる”“デニム合わせがオススメ”など、購入者が具体的に使用方法をイメージできる文章を入れてみましょう。

4 値下げは快諾して

多少の値下げ交渉には快く応じるようにしましょう。しぶっているうちに、相手の購入意欲が削がれてしまうかもしれません。

買い手がついた品物は、通勤途中にまとめてコンビニ発送をしています。

何が商品になるかはわかりません。紙袋や空き箱も意外と売れるんです。

大型家具こそ捨てずに譲る

引っ越し前や模様替えなどのタイミングで家具・家電を手放すときは、手数料のかかる〝捨てる〟ではなく、なるべく〝譲る〟という選択肢を選ぶようにしています。

特にまだまだ使える綺麗な家具は、必要な方にぜひ使っていただきたいので、フリマサイトで譲り先を募集。捨てる場合は粗大ごみとして回収手数料がかかるところを、無料、もしくは数千円いただいて引き取ってもらうことができます。無料で手放せるだけでも十分ありがたいですが、大きなアイテムなので、快くお金を出していただけることが多いです。

引き渡しの日は、相手にも女性限定で来てもらい、自宅から少し離れた場所で受け渡すようにすると安心です。

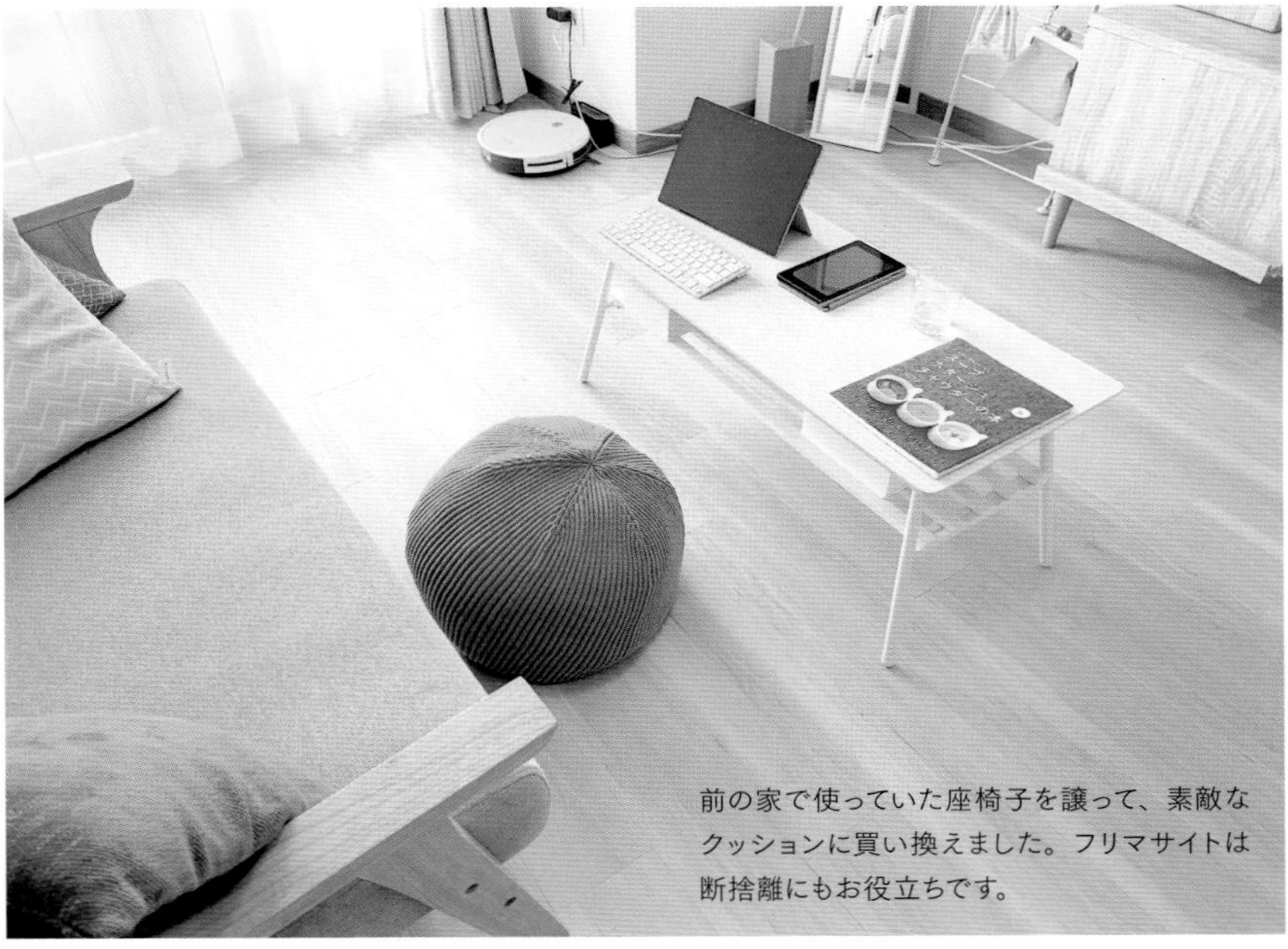

前の家で使っていた座椅子を譲って、素敵なクッションに買い換えました。フリマサイトは断捨離にもお役立ちです。

Chapter
6

ムリなく楽しめるポイ活で すき間時間にプチ収入

空いた時間にアプリを起動して、ゆるくポイ活しています。ポイントが徐々に貯まっていくのが楽しいんです。

最近よく耳にする〝ポイ活〟とは、ポイントを貯めて使う〝ポイント活動〟のこと。私は日中働いていてこまめにアプリを開くことができないので、空き時間にできるアンケートモニターでポイ活をしています。一日に数件のアンケートが届くので、週末や通勤時間に回答。少しずつですが、コツコツ貯まっていくのが楽しくて、何年も続けています。

他にも、歩数に応じたポイントが付与されるフィットネス系アプリや、ネットショッピング時に経由するだけでポイントが貯まるアプリも。継続することで現金に還元できるものも多いので、自分がムリなく続けられるアプリを見つけましょう。空き時間を収入に変えるポイ活、オススメします。

おわりに

Instagramで投稿をしていると、「完璧なんですね」「憧れます」と
言ってくださる方がたくさんいらっしゃいます。
でも実際の私は、お仕事で悔し涙をこらえる日も、
家から一歩も出ない休日もたくさんある
〝THE平凡なOL〟なんです。
この文章を考えている今も、
ごろごろとソファに寝転がってお菓子を貪っています（笑）。
昔の話ですが、アルバイト先のカフェに
ビーガンのお客様が来店されました。
「メニューの中に、食べられるものがない」と嘆かれていたので、
私はとっさの判断で、冷蔵庫の野菜を使った
手作りの特別メニューを提供したんです。
そのとき、想像以上にとても喜んでいただいた記憶が、
今も色濃く残っています。

Chapter
6

その体験から〝人のために必死で試行錯誤して、
最適なものを手元にお届けする〟
そんな営業職に魅力を感じました。
今、仕事に一生懸命に取り組めるのも、そのときの想いがあるから。

就職してから仕事で褒《ほ》められたこと、感謝されたこと。
生活していて楽になったこと、便利だと感動したこと。
ごくごく普通の私ですが、こうした経験の一つひとつを
自分の言葉に変えて、「だれかの身近な先輩として」
皆さんにお届けできていればとても嬉しいです。

同じ時間を過ごすなら、楽しい方がいいに決まっています。
仕事はなるべく楽しんで。そして休日はもっと楽しんで。
これからも毎日を丁寧に、過ごしていきます。

aya

巻末 Special I

明日からすぐ使える！

お仕事パソコン時短術

パソコンスキルは社会人に必須。
頻繁に使う便利な機能を覚えておけば、
きっとサクサク作業ができるはず。

※ Windows10で試したものです。他のバージョンでは異なる場合があります。

Excel 入力後、単語を間違えていた……

便利な“置換”で楽々変換

対象のセルを選択して Ctrl ＋ H で置換タブを開き、“検索文字”に訂正前の文字を、“置換後文字”に訂正したい文字を入力。一瞬で単語の置き換えが完了。

一瞬でデスクトップに戻りたい

魔法のキーで瞬時に

複数ウィンドウを開いていて、すぐにデスクトップに戻りたいとき、すべて縮小ボタンを押すと手間がかかります。そういうときは Windows ＋ D キーを押して。

フォルダ、どう整理したらいいの？

名前のつけ方に一工夫を！

「0720_ プレゼン資料」と日付で、「a_足立区リスト」など頭文字で割り振る方法を使い分けて。頭文字のキーを押すと、お目当てのフォルダに飛べます。

毎朝同じアプリをいちいち起動……

便利なスタートアップ機能

“スタートアップ”に希望のアプリを登録しておくと、出社後パソコンをオンしたときに自動でそのアプリが立ち上がります。スケジュール、メールのアプリは登録を。

別の画面を見ながら、Wordを打ちたい

画面の二分割が絶対オススメ

ある画面の内容を覚えて閉じて、Wordを開いて……というのはとっても手間。Windows ＋ →、Windows ＋ ←で画面を左右に二分割できます。見ながら入力できるので大幅な時短に。

画面の一部を切り取り＋貼りつけたい

Win10の新機能で叶うんです

Windows ＋ Shift ＋ Sを押すと画面の一部を切り取れます。そのままCtrl ＋ Vで貼りつけ完了。Win10以前の人はアプリSnippingtoolを。

Wordで１行だけはみ出す…

文字を自然に詰められる機能を

ALT→P→S→Pでページ設定を呼び起こし、1ページあたりの行数を少し増やして。余白、文字の大きさ以外にちょっぴり工夫できる方法です。

PDFから特定の言葉を見つけたい

とにかく使えるCtrl ＋ Fキー

何十ページもある資料から特定のワードを見つけたい場合、スクロールは不要。この2つのキーで検索ワードを打ち込めば、希望の文字を見つけられます。

Excelのグラフを綺麗に移したい

"拡張メタファイル"が便利

Excelで綺麗に作ったグラフをWordに移したいとき。グラフをコピーして、Wordのホーム→貼りつけ→▼（下矢印）→"形式を選択して貼りつけ"→拡張メタファイルを。

パソコンが固まった……

シャットダウンはまだ待って

閉じたいのに閉じることもムリなとき、悪さしているアプリだけを強制終了できます。ALT ＋ Ctrl ＋ Deleteでタスクマネージャーを開き、そのアプリを終了。

後輩のWordにコメントを入れたい

便利なコメント機能で

元の文章を選択して右クリック→“新しいコメント”を選択します。すると、元の文章を消すことなく、手書きで添削するようにコメントを書き込めます。

Excelで複数のシートを一気に印刷したい

Shift は万能キーなんです

Excelのシート名の上を、Shift キーを押しながら選択していきます。色が薄く変われば複数選択できている証拠。あとは選択したまま印刷するだけです。

図形を拡大する際、比率を変えたくない

Shift、Ctrl キーを上手に使って

縦横比を保って拡大したい場合は Shift を、中心位置を保ちたい場合は Ctrl を押しながら操作してみて。両方押しながら操作すると両機能が働きます。

Excelのセルに“+10”と表示させたい

数式認証させないためには「'」

数字や記号を入れると、数式と認証されてうまく表示されないことがあります。そのままの文字として表示させたい場合は、「'＋10」と入れてみて。

新しいフォルダを一瞬で作りたい

ショートカットキーの活用を

Ctrl ＋ Shift ＋ N を押せば、瞬時に新しいフォルダを作成できます。右クリック→新規作成……と複数のステップを踏んでいる人はぜひ試してみて。

パワポのレイアウト、歪んでいる？

グリッド、ガイドを表示させるべし

表示タブ→グリッド線やガイドにチェックを入れましょう。線に沿ってレイアウトすれば、歪みのない綺麗なプレゼン資料を作れます。

巻末
Special
II

後輩指導にも使える

文書&プレゼン資料作成時のチェックリスト

資料を作成するときに大切なのは、読み手の立場に立つこと。
初歩的なミスを防ぐためにも、このリストを活用してみてください。

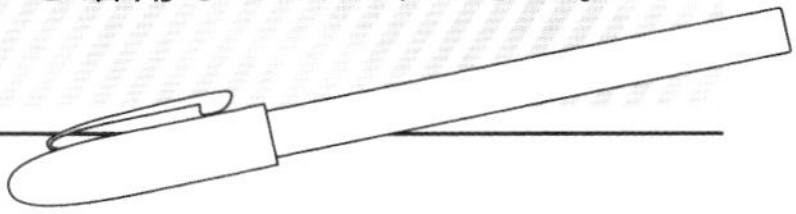

プレゼン資料作成時

- □ 字は後ろの席からも見やすい大きさになっているか
- □ 色を多く使いすぎていないか
- □ 規定時間内に収まる内容、ページ数になっているか
- □ 各スライドのタイトルは内容と合っているか
- □ 1スライド中の画像や図は大きさ、位置が揃っているか

このページを印刷して
使ってね

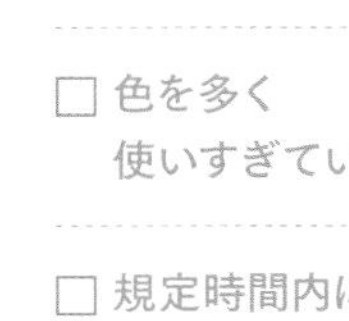

文書を書くとき

- □ 文字のフォント、大きさ、半角全角は揃っているか
- □ 専門用語や略語を使っていないか
- □ 漢字の変換ミスやアルファベットの誤表記はないか
- □ 表現は統一されているか（2m／2メートルなど）
- □ インデント（段落）は揃っているか
- □「てにをは」の使い方は正しいか
- □ 完結でわかりやすい文章になっているか

巻末
Special
III

無駄な時間を省いてスピーディに！

ショートカットキー一覧表

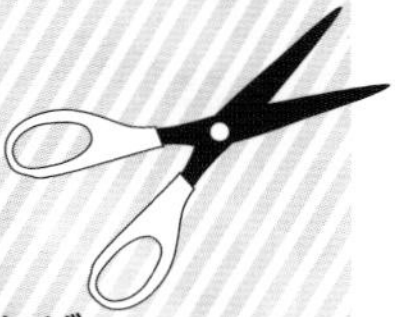

たくさんあるショートカットキーを使いこなせるようになれば、
仕事のスピードが格段にアップ。まずは基本的なものからスタートしましょう！

※ Windows10 で試したものです。他のバージョンでは異なる場合があります。

Ctrl 系統

Ctrl + A	すべて選択
Ctrl + B	太字
Ctrl + C	コピー
Ctrl + D	複製
Ctrl + F	検索
Ctrl + N	新規作成
Ctrl + O	ファイルを開く
Ctrl + P	印刷
Ctrl + S	上書き保存
Ctrl + V	貼り付け
Ctrl + X	切り取り
Ctrl + Z	元に戻す

Win 系統

Win + D	デスクトップ表示
Win + E	マイコンピュータ表示
Win + L	ロック画面へ
Win + ←→	画面分割
Win + Shift + S	画面の切り取り

Alt 系統

Alt + Tab	ウィンドウ切り替え
Alt + F4	再起動やシャットダウン（デスクトップで）

エクセルで使える機能

Ctrl + 1 ｜書式の設定

Ctrl + 9 ｜セルの非表示

Ctrl + ; ｜今日の日付を入力

Ctrl + Home
｜最初のセルへ飛ぶ

Ctrl + End
｜最後のセルへ飛ぶ

Ctrl + PGUP（PageUp）or
PGDN（PageDown）
｜シートを移動

Ctrl + Shift + + ｜セルの挿入

Ctrl + Shift + 6 ｜罫線をつける

Ctrl + Shift + ↑↓
｜セルを広範囲で選択

F系統

F2 ｜名前の変更
（フォルダ名など）

F5 ｜画面の更新

F12 ｜名前を付けて保存

PDFで使える機能

Ctrl + Shift + D
｜ページを削除

Ctrl + Shift + I
｜ページの挿入

印刷してデスクに
貼っておこう

オススメの Adobeアプリをご紹介

Adobe Scan

紙や手書きのメモ、ホワイトボード、レシートなどをPDFに変換できます。無料とは思えないほどとても綺麗です。ペーパーレス化にお役立ち。

巻末 Special IV

お仕事女子の強〜い味方

日常で使える敬語

いざという場面で正しい敬語が使えるように、
これだけはマストで覚えておくといいですよ。

基本の敬語

わかりました
▶ かしこまりました

大丈夫です ▶ 結構です

知っています
▶ 存じ上げております

できません ▶ いたしかねます

いますか? ▶ いらっしゃいますか?

どうですか? ▶ いかがでしょうか?

言っておきます ▶ 申し伝えます

頻出単語の言い換え

今日	▶	本日
さっき	▶	先ほど
今度	▶	この度
前に	▶	以前に
この間	▶	先日、先般
すぐに	▶	さっそく
ちょっと	▶	少々
じゃあ	▶	では

＋αの差がつく敬語

大変恐縮です

ご無沙汰しております

ご査収ください

ご教示ください

誠に遺憾ながら……

ご自愛ください

恐れ入りますが……

あいにく……

お手すきの際に……

差し支えなければ……

お手数ですが……

おかげ様で……

巻末 Special V

気遣いを添える

電話取次メモ

一日に何度もある電話の取次は、必要事項を埋めるだけのメモを使ってスムーズに。ぜひコピーして使ってくださいね。

様

月　日（　：　）至急／普通

様よりお電話ありました。

- □ 折り返しお願いします。
（連絡先：　　　　　）
- □ またお電話します。
- □ メールをご確認ください。

とのことです。

memo

よろしくお願いします。受　　　.

様

月　日（　：　）至急／普通

様よりお電話ありました。

- □ 折り返しお願いします。
（連絡先：　　　　　）
- □ またお電話します。
- □ メールをご確認ください。

とのことです。

memo

よろしくお願いします。受　　　.

様

月　日（　：　）至急／普通

様よりお電話ありました。

- □ 折り返しお願いします。
（連絡先：　　　　　）
- □ またお電話します。
- □ メールをご確認ください。

とのことです。

memo

よろしくお願いします。受　　　.

様

月　日（　：　）至急／普通

様よりお電話ありました。

- □ 折り返しお願いします。
（連絡先：　　　　　）
- □ またお電話します。
- □ メールをご確認ください。

とのことです。

memo

よろしくお願いします。受　　　.

巻末 Special VI

パターン化して使い分けを

メールのテンプレート例

送り先によって複数使い分けると、メール作成の時短になります。
ぜひ、署名登録しておきましょう。

社外用

＿＿＿＿＿ 様

いつも大変お世話になっております。

標記の件、

どうぞよろしくお願いいたします。

＋社外用署名

複数のパターンの署名を
登録しておくと、毎回一から
入力する手間が省けて便利！

社内打ち合わせ用

＿＿＿＿＿ 様

標記の件、大変ご多用のところ恐縮ですが

下記の通り打ち合わせをご予定願います。

日時：　月　日（　）　：　～　：

場所：

目的と内容：

どうぞよろしくお願いいたします。

＋社内用署名

メールで心がけること

- □ お願いや案内など、重要事項のメールを送った後は、電話でもフォローすると丁寧
- □ 報告・連絡・相談・案内のどれかを一番最初に明記すると、読み手に伝わりやすい
- □ 「関係者様各位」「●●部長様」は誤り。各位や役職に「様」は不要なので要注意
- □ To や Cc の宛先は役職順にしましょう。自社メンバーはお客様の後に回すようにして
- □ 容量の大きなデータを送る際には、必ず先方へ事前に確認を入れましょう

巻末
Special
VII

社会人の必須マナー！

上座・下座の位置早見表

社内の先輩や上司でも心遣いを忘れずに。
プライベートでも使えるので便利です。

※①～④の順に上座→下座です。

タクシー

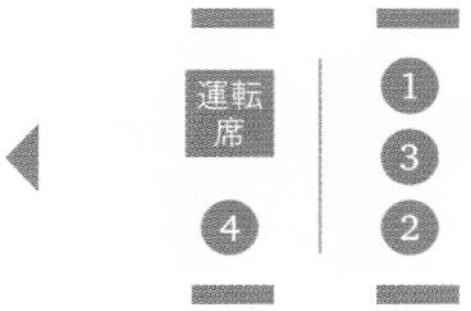

自分は下座である助手席に座るのが一般的ですが、後部座席が窮屈なこともあるので、臨機応変に対応を。

応接室

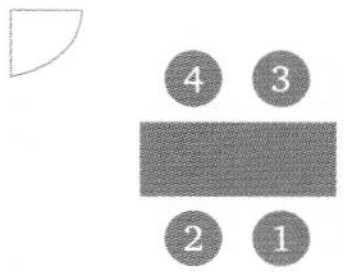

基本的には“入口から最も遠い席が上座”。ただし椅子の種類や部屋の形状にもよるので要注意。

エスカレーター

自分の目線が相手より下になる位置が下座。先に乗る下りエスカレーターでは「失礼します」の一言を。

エレベーター

操作盤の前が下座。操作盤の前ではやや斜め前を向き、お客様に後ろ姿を見せないように。

aya　アヤ

インフラ系企業で営業職を務める現役 OL。
一人暮らし 10 年目、社会人４年目。

「仕事と暮らしを、女性らしく、丁寧に」をコンセプトに、自身の経験をもとにしたお仕事術や自宅インテリア、日々のコーディネートなどを投稿しているInstagram は多くの働く女性たちから反響を呼び、開始から一年足らずでフォロワー総数 21 万人を突破（2020 年 9 月時点）。

また、女性誌の WEB 版にも出演するなど、メディアでも活躍している。
Instagram　@a____home_
　　　　　@a____wear_
Blog　https://ameblo.jp/a--home

Book Staff

編集　坂尾昌昭、中尾祐子（株式会社 G.B.）
デザイン　別府 拓、市川しなの（Q.design）
DTP　G.B.Design House
写真　aya

丁寧《ていねい》で素敵《すてき》な毎日《まいにち》を過《す》ごせる理由《りゆう》
一人暮《ひとりぐ》らし 働《はたら》き女子《じょし》のお仕事時間《しごとじかん》とおうち時間《じかん》

2020 年 10 月 20 日　第 1 刷発行

著　者　aya《あや》
発行者　吉田芳史
印刷所　図書印刷株式会社
製本所　図書印刷株式会社
発行所　株式会社日本文芸社
〒 135-0001　東京都江東区毛利 2-10-18 OCM ビル
TEL 03-5638-1660（代表）

Printed in Japan
112201008-112201008 Ⓝ01　（290043）
ISBN978-4-537-21841-1

（編集担当：藤井）

内容に関するお問い合わせは、
小社ウェブサイトお問い合わせフォームまでお願いいたします。
https://www.nihonbungeisha.co.jp/